우리 중소기업, 세계로 간다

김용규 정재식 서용현

낯선 땅, 낯선 문화의 도전을 넘어서

博 英 社

권 두 언

우리나라의 대외수출액이 금년 들어 약 4,200억 불에 달할 것으로 예측하고 있다. 또한 해외직접투자 건수도 약 10만 건에 그 총액이 1,870억 불에 이른다고 한다.

지난 50년 전의 수출액이 고작 약 2천만 불이었고 해외직접투자가 전무한 상황이었다고 생각하면 우리의 수출신장과 해외진출은 "기적"이라는 말밖에 그 의미를 함축 표현할 방법이 없을 것이다.

우리의 대기업은 물론이지만 중소기업도 이제 세계무대로 그 영역을 급속히 확장하고 있다. 지난 반 세기에 걸쳐 우리 기업이 해외진출에 있어 겪고 감내했던 그 고난의 세월을 회고하면 40여 년 간 해외외교무대에서 일해 온 본인으로서도 우리 기업인들의 그 불굴의 도전정신과 창의적 의지에 깊은 경의를 표하지 않을 수 없다.

외교분야에서 평생을 일하였던 대사들의 집필이라 기업 실무적인 면에서는 현실감이 좀 떨어질 수도 있을 것이라고 생각한다.

그러나 외교도 결국은 다른 문화 속에서 다른 사람들과의 관계에 기초를 두고 이루어지는 거래라고도 볼 수 있으므로 기업의 해외활동이나 진출문제도 그 근본에서는 같은 것으로 생각하면서 우리 중소기업의 해외진출 문제를 감히 집필하게 되었다고 생각한다.

우리 기업이 해외에서 활동하면서 많은 어려운 문제에 봉착하게 되고 때로는 뼈아픈 실패도 하게 되는데, 그러한 일이 생기는 데에는 여러 가지의 원인이 복합적으로 작용한 결과이겠지만 그 근본에는 인간관계의 문제가 그 가운데 있지 않나 생각된다.

다른 나라 사람들의 땅에서 공장을 지어 생산하고 또 물건을 팔고 사는 그 과정은 결국은 사람들의 환경, 관습, 문화, 그리고 그에 기초한 생각과 사고가 아니겠는가?

따라서 상대방의 사고와 행위를 깊이 이해하고 존중할 수 있다고 한다면 상대와의 거래가 쉬워지고, 나아가 이기는 장사를 할 수 있을 것이다.

태평양전쟁 발발시 미국정부는 적국인 일본의 사고와 행위를 예측하고 대일본 전략을 수립하는 데 참고하기 위하여 그 유명한 인류학자 루쓰 베네딕트로 하여금 일본인의 문화와 관습에 대하여 연구케 하였다.

일본과의 전쟁에서 승리하기 위하여서는 일본문화와 일본인에 대한 이해가 없이는 승산이 없다고 판단하였을 것이며, 베네딕트 교수의 저서 「국화와 칼」은 미국의 태평양전쟁을 승리로 이끄는 데 크게 기여하였을 것이라 생각해 본다.

해외에서 무역전쟁, 기업경쟁에서도 이기기 위하여서는 상대방을 알아야 할 것이며, 소위 "知彼知己" 전술이 동원되어야 하지 않을까?

상대방을 이해하고 안다는 것은 인간관계에서 가장 기본이며, 국제관계에서 마찬가지로 기본이라고 감히 믿는다.

이 책에서는 기업기술적인 측면보다는 인간관계, 문화관계 등에 그 중심을 두고 집필하게 된 것도 그러한 이유 때문일 것이다.

우리 기업이 해외에서 성공한 사례도 수없이 많으며 그로부터 많은 것을 배울 수도 있지만 실패한 사례, 어려운 문제를 어떻게 대처하였는가를 살펴봄으로써 또한 거기에서도 많은 것을 배울 수 있을 것이다.

다시 말해 실패한 사례, 어려운 문제를 어떻게 해결하였는가를 잘 살펴보고 같은 실패를 반복하지 않도록 함으로써 중소기업의 해외활동과 진출에서의 성공에 기여하고자 함이 이 책을 쓰게 된 조그만 소망이다.

이 책이 나오도록 지원해 주고 또 재외공관을 통해서 사례를 수집해 주신 유명환 외교통상부 장관 이하 외교통상부 관계직원에게 심심한 사의를 표한다.

2009. 12. 31.

한국외교협회장

홍 순 영

책을 내면서

우리 기업의 수출이 1964년에 겨우 1억 불을 상회하였는데, 반 세기도 채 안 되어 올해는 세계수출 9위라는 대업을 이룬다고 한다. 나는 오랜 외교관 생활을 하면서 우리나라가 세계의 경제대국으로 급성장하고, 어제는 남의 도움을 받고 살아온 나라가 오늘에는 남에게 도움을 주는 나라로 성장한 것을 얼마나 자랑스럽게 생각하였는지 모른다. 그래서 기업하는 친우들에게 "자네들이 진정한 애국자이며 국민에 대한 참된 봉사자"라고 찬사를 표하곤 하였다.

이번에 외교통상부에서 중소기업들의 해외진출에 도움이 될 수 있는 통상사례분석집 발간 용역을 한국외교협회에 의뢰하였을 때, 한편으로는 우리 기업에 조금이라도 기여할 수 있는 기회가 되겠다고 반가워하면서도 다른 한편으로는 과연 도움이 될 만한 조언을 할 수 있을지 많이 망설여지기도 하였다. 그러나 오랜 외교관 생활, 특히 외교부 통상국장으로서 근무한 지난 경험을 살린다면 조금이나마 기여할 수 있지 않을까 하는 생각에서 감히 이번 프로젝트를 맡았다.

외교도 결국은 사람 대 사람 간의 거래이며, 기업거래도 같은 인간관계가 그 근본이라고 생각한다. 따라서 이 책을 집필하는 방향과 중점을 기업적인 기술이나 지식보다는 문화적인 문제, 인간관계 등에 그 중점을 두고 기술하였다. 나아가 분쟁은 왜 일어나며, 분쟁은 미리 예방할 수 있는가 등에 관심을 두고 집필하였다.

그리고 후반부에는 재외공관을 통하여 수집한 기업의 애로사항, 분쟁, 실패사례 등을 기술하여 현실적인 문제들에 대하여 간접체험을 할 수 있도록 하였다. 성공한 사례를 다루기보다는 애로사항, 기업분쟁, 실패사례 등을 제시하여 어떻게 이들이 다루어졌는가, 이들 사례의 시사점은 무엇인가 등에 초점을 맞추었다. 유사한 애로사항, 분쟁, 실패 등이 반복되지 않았으면 하는 바람에서이다.

원고를 마무리하면서 아쉬웠던 것은 시간이 없어서 기업인들, 특히 해외사업에 실패한 경험이 있는 기업인들과 직접 만나 이야기를 듣고, 그들의 조언을 많이 반영하지 못하였다는 점이다. 언젠가 다시 개정판을 낼 수 있는 기회가 있으면 이 점에 특히 중점을 두어 집필하여야 한다고 생각한다.

부족한 점이 많이 있지만 외교관들의 기업에 대한 나름

대로의 애정의 표현이라고 생각하면서 참고하여 주기 바라며 또한 많은 충고와 조언을 기대한다.

유명환 외교통상부 장관, 외교부 간부, 그리고 재외공관장 여러분에게 진심으로 감사한다.

2009. 12. 31.

한국외교협회 부회장

김 용 규

차 례

I 중소기업의 해외진출: 도전이냐 기회냐

세계가 우리에게
오늘처럼 미래에 대한 많은 약속과
잠재적 위험을 동시에 제공했던 적은 없다.
우리를 기다리는 위기와 기회에 어떻게 대응하
느냐는
우리가 우리의 자손에게 물려줄
세계의 모습을 결정할 것이다.
우리가 행동에 나설 때는
바로 지금이다.

-쟈크 아탈리, "간략한 미래의 역사" 중에서-

1 세계화의 도전과 기회

세계화는 우리 중소기업에게 도전이자 기회입니다. 세계화를 소극적·방어적 시각에서 보면 여태까지 보호를 받던 국내시장을 세계에 개방한다는 의미가 됩니다. 세계무역기구(WTO)와 자유무역협정(FTA)에 의한 관세·비관세 장벽의 철폐는 중국이나 개도국에서 만든 저가의 물건들이 한국시장에 진입하기가 점점 쉬워지고 있음을 의미합니다. 이에 따라 국내의 중소기업이 설 땅이 좁아짐을 의미합니다. 이것이 세계화를 보는 수세적 시각입니다. 그러나 역사 속에서 수세에 급급하다가 많은 나라들이 지구상에서 사라지고, 기업들은 도산했습니다. 구한말에 조선이 쇄국정책을 써서 안으로 움츠러들려 하다가 적극적으로 문호를 열고 당시의 세계화를 수용하던 일본에 뒤져 결국 일본에 합방되었음은 수세적 대응의 전형적인 예입니다.

반면에 세계화를 적극적·공세적 시각에서 보면 세계화는 우리 기업들에게 한국이라는 좁은 지리적 한계를 넘어서 세계로 뻗어나갈 기회를 제공하고 있다고 할 수 있습니다. 이는 과거에 바이킹이나 영국이 국내의 자연적 악조건에서 탈출하여 세계로 뻗어나간 것에 비유할 수 있는 의미의 '기회' 입니다. 징기스칸이 몽골의 시골구석에서 내전이나 일삼던 기마군단을 몽골의 초원에서 탈출시켜 세계를 정복한 것에 비유될 수도 있습니다.

세계화의 요체는 국경이라는 장벽이 무너지고 세계가 하나의 시장이 됨을 의미합니다. 세계 어디에서든지 원가가 적게 드는 곳에서 생산해야 한다는 의미이기도 합니다. 이에 따라 경제의 단위로서 국가의 의미가 퇴색합니다. 국경의 의미도 퇴색합니다. 그러나 오랫동안 국가 중심의 경제에 익숙해진 사람들은 말로는 글로벌 경제를 논하면서도 실제로는 국가주의적 사고방식에서 벗어나지 못하는 경우가 많습니다. 세계화시대에 살아남고 또 번영하기 위해 무엇보다 중요한 것은 국가주의적 사고방식에서 탈피하는 것입니다. 작은 나라, 자원이 없는 나라일수록 이러한 국제화의 필요성은 더 큽니다. 자원도 없고 국토도 작은 네덜란드 같은 나라가 세계적인 상업강국이 되어 번영을 구가한 이유가 무엇이겠습니까? 답은 국제주의입니다. 즉, 국가주의에 집착하지 않고, 개방적이며 글로벌한 시야를 갖고 있었기 때문입니다.

자유무역협정(FTA)의 급속한 확산은 이러한 세계화 추세를 부쩍 앞당길 것으로 보입니다. 최근에 갑자기 정·재계의 화두가 된 FTA에 관하여 너무 많은 기술적 용어들이나 주장들이 제시되어 혼동을 초래하는 경향이 없지 않습니다. 이하에서는 우리가 FTA를 보아야 할 역사적 시각과 우리 중소기업이 어떻게 FTA시대를 헤쳐 나갈 것인지에 초점을 맞추어 간략하게 FTA를 설명하고자 합니다.

Next

우리 중소기업, FTA시대를 어떻게 헤쳐 나갈 것인가

FTA의 득실이나 찬성·반대논리에 관하여 정치권이나 학계에서 여러 가지 논란이 있습니다. 본서에서는 이들 기술적인 논란을 반복하지 않고, '중장기적'·'대국적' 시각에서 우리 중소기업이 어떻게 FTA를 인식하고, 또 어떻게 대처해 나가야 할 것인지에 관하여 간략히 살펴보겠습니다. 미래지향적 시각에서 FTA를 보면 아래 4가지 관점이 특히 중요하다고 생각합니다.

첫째, FTA는 이제 돌이킬 수 없는 대세가 되고 있습니다. 이 추세에서 낙오된 나라는 대외수출시에 관세가 부과되기 때문에 FTA를 다수 체결하여 무관세로 수출하는 나라에 비해 국제경쟁력이 떨어질 수밖에 없습니다. 나아가 FTA체결국은 무관세로 원자재나 중간재를 도입할 수 있기 때문에 가격경쟁력이 유리합니다. 오늘날의 치열한 국제경쟁에서 이러한 차이는 결정적입니다. 세계 각국이 저마다 FTA의 체결을 서두르고 있는 이유는 여기에 있습니다. 즉, FTA의 회전목마에 동승하지 않으면 낙오자가 되기 때문입니다.

둘째, FTA를 둘러싼 역사적 추세의 궁극적 목표는 '세계의 자유무역화' 입니다. FTA는 세계무역자유화로 인도하는 수단이지 목적이 아닙니다. 1930년대 대공황 이후의 보호무역주의 추세의 폐단을 시정하기 위해 제2차 세계대전 후에 설립된 "관세 및 무역에 관한 일반협정(GATT)"을 중심으로 평화적·범세계적 무역자유화가 추진되어, 우루과이 라운드라는 큰 고개를 넘고 마침내 1995년 '세계무역기구(WTO)' 가 설치되었습니다.

WTO는 제2의 우루과이 라운드라 할 수 있는 '도하 라운드' 협상을 개시, 자유무역에 더 가까이 가려고 시도하였으나 회원국이 많이 늘어난 등의 이유로 실패했습니다. 그러자 다수의 회원국이 각개전투 식으로 튀어나와 뿔뿔이 무역자유화를 추구한 것이 FTA라고 할 수 있습니다. 그러나 시간이 흘러감에 따라 주요 교역국간의 FTA망이 거미줄처럼 구성되고 이것이 도미노 효과를 낳아 머지않아 사실상의 범세계적인 자유무역망을 형성할 가능성을 배제할 수 없습니다. 이미 FTA 체결국 상호간의 무역이 세계 무역의 절반을 넘어섰으며, 계속 증가할 것입니다.

셋째, FTA는 우리 경제에 대한 도전이자 우리의 잠재력을 떨칠 수 있는 기회이기도 합니다. FTA는 무한경쟁의 도래를 의미합니다. 우리 사회나 기업의 비효율과 폐쇄성, 과도한 규제와 관료주의, 구시대적인 교육, 양극화에 따른 근로의욕의 감퇴 등이 남아 있는 한 우리는 FTA시대의 승자가 될 수 없습니다. 반면에 FTA시대는 이러한 우리 사회의 약점과 병폐들을 극복하기 위한 좋은 자극이 될 수 있습니다. 이것들을 이겨내지 못하면 무한경쟁에서 살아남지 못하고 도태되기 때문입니다. 히지만 이것들을 이겨낼 수만 있다면, 우리는 좁은 국내시장의 제약을 극복하고 세계로 뻗어나갈 수 있습니다.

즉, 우리는 FTA시대의 승자가 될 수 있습니다. 끊임없는 역사적 시련을 이겨낸 민족적 잠재력을 바탕으로 우리는 세계에 우뚝 설 수 있습니다.

넷째, FTA에 따른 시대적 변화는 특히 우리 중소기업에게 도전이자 기회를 부여하기도 할 것입니다. 세계가 완전자유무역에 이르기까지의 과도기, 즉 FTA의 시대는 격동의 시대가 될 것입니다. 이러한 격동과 변화의 시대에는 시대적 변화에 앞서 가는 것이 무엇보다 중요합니다. 한국의 재벌들도 거의 예외 없이 시대를 앞서 가는 중소기업으로 출발했지 않았습니까? 시대에 앞서 가기 위해서 우리 중소기업은 관세 등 국가적 보호에 의존하지 않고 국경 장벽이 없는 세계시장을 상대로 경쟁한다는 시각을 가지고 경영을 해야 할 것입니다.

우리 시장을 지키는 데 골몰하기보다는 세계를 무대로 하여 생산하고, 부품과 원부자재를 조달하고, 마케팅을 하고, 또 교역한다는 열린 사고방식을 가져야 합니다. 따라서 중소기업이라 할지라도 '다국적기업' 처럼 생각하고 경영전략을 수립해야 합니다. 즉, 원자재는 A국에서 조달하고, 중간재는 B국에서 조달하며, 생산은 임금이 낮은 C국에서 하고, 또 C국 내 제조공장의 직원들은 다국적인으로 구성하는 방안이 그것입니다.

시대적 변화에 대처하는 방법은 두 가지가 있습니다. 하나는 과거에 연연하면서 움츠러드는 것이고, 둘째는 시대적 변화에 앞서가는 것입니다. 기후변화에 적응치 못하여 멸종을 당한 공룡이나 맘모스는 전자의 대표적 예라 할 수 있습니다.

앞서 말한 바이킹, 영국의 항해자들이나 지리상 발견 시대의 스페인, 포르투갈의 항해자들이 후자의 예입니다.

특히 영토도, 인구도 작은 포르투갈의 경우는 우리에게 많은 교훈을 줍니다. 해외진출을 위해서는 유망한 사업에 남보다 먼저 착수하는 결단과 모험심이 중요합니다. 과거 선진국 기업들의 해외진출 역사는 모험의 역사였습니다. 이들의 역사는 위험을 감수하는 기업(risk-taker)은 흥하고 위험을 회피하는 기업(risk-avoider)은 쇠퇴한다는 것을 보여주고 있습니다.

그런데 서구의 기업사에 나오는 대다수의 기업들이 오늘에 더 이상 존재하지 않는 이유가 무엇이라고 생각합니까? 이들 기업들이 어느 정도의 성공을 이룩했다고 생각하여 수성(守城)에 급급했기 때문입니다. 오늘날 우리 중소기업이 과거의 작은 성공에 자만하여 현상유지와 국내시장의 확보에 급급한다면 우리의 발전의 역사는 짧은 역사에 그칠 것입니다. 특히 세계경제의 후발주자인 우리가 지속적인 번영을 누리기 위해서는 세계경제의 혁명적 변화를 선도해야 합니다. 세계화라는 새로운 경제 환경에 누구보다 앞서 적응해야 합니다. 이것이 자원도 없는 우리가 세계화의 신시대를 앞서갈 수 있는 유일한 방법입니다.

그러면 세계화 추세와 관련하여 오늘날 한국 중소기업이 당면하고 있는 도전은 무엇일까요? 그것은 해외투자의 급속한 확산 추세입니다. 각국은 앞다투어 해외직접투자를 확대하고 있습니다. 유명한 브랜드 제품이 개도국에서 생산된 것을 자주 목격하지 않습니까? 우리 한국은 무역입국을 통해 경제개발을 이룩했습니다. 그래서 아직도 무역에 입각한 발전방식에 집착하는 사람이 적지 않습니다. 그러나 우리 정도의 소득수준(임금수준)을 가지고 첨단기술이 아닌 분야에서 저임금 개발도상국들과 경쟁하기 어렵다는 것은 누가 보기에도 자명합니다. 그러면 어떻게 이러한 도전을 헤쳐갈 수 있을까요? 우리도 해외투자를 확대시킬 수밖에 없습니다. 이것은 불가피한 시대적 환경 변화입니다. 그러면 우리가 과거 무역에서 탁월한 성과를 거두었듯이 해외투자 분야에서도 탁월한 성과를 낼 수 있을까요? 답은 “글쎄” 입니다.

우리 중소기업들은 기술력에 관한 한 어느 나라에도 뒤지지 않습니다. 근면성이나 동기부여의 측면에서도 한국인들은 탁월합니다. 우리는 세계화를 선도할 능력도 동기도 있습니다. 다만 우리에게 모자란 것이 하나 있습니다.

그것은 국제화와 현지화, 즉 현지에 적응하는 능력입니다. 우리는 단일민족으로서의 문화적 배경 때문에 배타적 성격이 강하고 현지인들과 쉽게 화합하지 못합니다. 언어적으로도 외국어를 쉽게 배우지 못하는 편입니다. 우리는 해외투자의 경험도 일천합니다. 이러한 국제화의 약점들은 우리 중소기업들이 해외진출을 망설이게 하는 요인이 되고 있습니다. 현지 동화를 성공적으로 하는지 여부는 우리 중소기업의 현지진출의 성패를 좌우하는 주요한 요인이 되고 있습니다.

그런데도 우리 중소기업들은 경제적 측면에 집착하여 국제화·현지화의 측면에 충분한 관심을 기울이지 못하고 있는 것으로 보입니다. 이를 감안, 이 책에서는 경영전략·기술 등 기술적 측면보다는 국제화·현지화와 현지인과의 인간관계 측면에 초점을 맞추어 우리 중소기업의 해외진출 전략을 조언하고자 합니다.

2 해외진출은 중소기업의 활로

상당수의 우리 중소기업은 국내적으로 샌드위치 상태에 몰려 있습니다. 앞에서는 자본력과 기술력으로 무장한 대기업이 문어발식으로 분야를 확대하고 있으며, 그 만큼 중소기업의 입지는 좁아지고 있습니다. 뒤에서는 저임금을 바탕으로 한 개도국들이 우리 중소기업을 추격하고 있습니다. 이러한 상황에서 해외진출, 특히 해외투자는 아래와 같은 측면에서 중소기업이 샌드위치 상태를 벗어나고 활로를 찾기 위한 불가피한 선택이 되고 있습니다.

가. 중소기업이 의존하고 있는 기술 중에는 국내에서 이미 사양화되거나 경쟁력이 약화된 것들이 많은 바, 이러한 노후기술을 활용하고 그 수명(life cycle)을 연장하기 위해서는 해외진출이 불가피한 경우가 많다는 점(이는 과거 일본 중소기업의 전형적 해외투자 패턴이기도 했음).

나. 저기술 산업에서 저소득국가의 추격에 대응하기 위해서는 저임금지역으로 생산기지를 이전하여 가격경쟁력을 회복하는

것이 불가피하다는 점(이러한 산업을 억지로 국내에서 끌어안는다 해도 가격경쟁력이 떨어져 도산 등의 사태에 이르게 되면 결과적으로 국내의 고용증진에도 기여하지 못한다는 점).

다. 해외진출은 그 자체로서 시장접근의 유력한 수단이 될 수 있다는 점, 특히 해외투자는 현지시장이 큰 경우(중국, 인도 등 대규모 시장의 경우)는 물론, FTA 등 지역무역협정의 체결로 형성된 대시장에 접근하기 위한 유력한 수단이 된다는 점(예: 미국시장을 겨냥한 대멕시코 투자).

라. 자원빈국인 한국이 국내생산을 고집한다면, 스스로 기회를 축소시키며 중장기적으로 범세계적 생산(global production)과 범세계적 조달(global sourcing)이라는 추세에 뒤지게 될 가능성이 크다는 점.

마. 지금부터라도 해외경험을 쌓고 세계 속에서 생산, 영업하는 것을 배우지 않으면 중장기적으로 세계화에 대비하여 경쟁력을 키울 수 없다는 점.

나아가 중소기업들은 해외진출에 있어 대기업보다 우월할 수 있는 강점들을 가지고 있습니다. 주요한 강점들을 예시하면 아래와 같습니다.

가. 신속한 의사결정이 가능하다는 점(그러나 이것이 지나치게

서두르는 '졸속한' 의사결정이 되지 않도록 유의할 필요).

나. 우리의 중소기업은 개발도상국들이 필요로 하는 중위권 기술을 제공할 소지가 많으며, 따라서 협력의 소지가 넓다는 강점.

반면에 중소기업들은 약점도 있습니다. 중소기업들의 해외투자에 있어서 대표적인 약점이라고 할 수 있는 것은 정보의 부족입니다. 현지국에 대한 정보조사 및 분석능력이 부족하다는 것입니다. 우선 최초 진출시에 현지 투자환경에 대한 철저한 조사가 미흡한 경우가 많습니다. 현지적응 경험도 부족하며, 특히 현지 경험이 있는 전문 인력이 부족하다는 것은 치명적인 실수를 초래할 수 있습니다. 더구나 생산이 본격화될 단계에 들어서면 국제경영능력의 부족이 중요한 변수가 될 수 있습니다. 해외경험이 일천한 한국의 중소기업들에게 이러한 약점은 특히 심각할 수 있습니다. 실제로 중국이나 라틴아메리카 등에서 현지 정부나 현지인과의 분쟁으로 인하여 빈털터리가 되어 귀국하거나 야반도주를 하는 사례까지 발생하고 있습니다. 이제 해외진출의 문제는 "하느냐, 안 하느냐"의 문제가 아닙니다.

이제 문제는 "어떻게 하느냐"의 문제, 즉 어떻게 하면 무역과 투자를 '잘' 하느냐의 문제로 귀착된다고 할 수 있습니다.

3 분쟁이라는 걸림돌

해외진출은 결국 예상수익과 위험부담(risk)의 비교에 의해 결정됩니다. 일반적으로 해외진출의 수익률은 국내영업보다 높은 것이 보통입니다. 자본이 부족한 곳일수록 자본이 귀하고 자본의 수익률이 높기 때문입니다. 나아가 자본이 저임의 노동력과 결부되면 물건을 값싸게 제조할 수 있습니다. 이러한 차이를 잘 이용해서 물건을 값싸게 팔거나, 제조할 수 있다는 것, 이것이 해외에 진출하는 우리 중소기업에게 주어지는 '기회' 입니다.

해외진출은 수익성이 높은 반면, 리스크도 큽니다. 과거에는 정치적 리스크가 중심이 되었습니다. 현지국 정부가 국유화를 하거나 외국인 재산을 몰수하는 경우 등이 그것이었습니다. 그러나 오늘날 이러한 정치적 리스크는 부쩍 줄어들었습니다. 외국인 투자가 착취가 아니라 경제개발을 위해 긴요하다는 인식이 확산되고, 해외투자유치를 위한 경쟁이 치열해지고 있기 때문입니다. 국제사회에서 '평판' 의 중요성이 높아지는 상황에서 국유화나 송금제한과 같은 행위는 귀중한 투자자를 쫓는 자살행위가 되었기 때문입니다. 나아가 투자보장협정, 이중과세방지협정, 양자 및 다자간 투자협정 등 국제법적인 투자보호 장치가 강화되고 WTO 및 FTA들에도 투자보호가 확대되고 있는 추세입니다.

이처럼 정치적 리스크가 줄어든 현재, 해외투자의 최대의 리스크는 '분쟁' 입니다. 민주화는 각국에서 국민들의 기대수준과 권리의식을 높이는 결과를 초래했습니다. 이에 따라 노사분규, 각종 손해배상 요구, 복지에 대한 요구, 환경과 관련한 요구 등이 빈번해졌습니다. 민주화와 함께 민족주의적 요구 수준도 높아졌습니다. 국민적 자존심도 높아지고 외국인과의 문화적 차이에 기인한 감정적 갈등의 소지도 늘어났습니다. 물론 외국자본에 대한 거부감은 어느 나라에나 있습니다. 문제를 심각하게 만드는 것은 현지인들에 대한 멸시와 소통의 부족입니다. 이러한 마찰에서 비롯된 갈등은 단결된 실력행사나 보이콧의 형태를 취하기도 하지만 외국투자기업에 대한 은밀한 방해의 형태로 나타나기도 합니다. 투자대상국 사람들의 내셔널리즘에 입각한 외국인투자기업에 대한 반대투쟁의 결과는 심각할 수 있습니다. 외국투자기업을 왕따로 만들고 나아가 퇴출시킬 수도 있습니다.

그러나 분쟁에 겁먹고 주춤할 필요는 없습니다. 그렇다

고 리스크에 대해 무모하게 대처하라는 말도 아닙니다.

중요한 것은 분쟁과 리스크를 잘 예방하고 관리하는 것입니다. 분쟁의 예방과 리스크 관리를 위해 무엇보다 중요한 것은 두 가지입니다.

첫째는 인간관계입니다. 현지국 또는 현지인들과의 인간관계를 원만하게 관리하는 것입니다. 현지인들을 동료로서 대하고 서로 친구가 될 수 있다면 분쟁은 예방될 수 있습니다. 다음 II장에서는 이러한 인간관계 측면에서의 분쟁의 예방에 관하여 살펴보고자 합니다.

아울러 리스크를 줄이기 위해서는 해외진출 환경과 리스크에 대해 면밀하게 대비하고 계획을 세우는 준비성도 중요합니다. 제III장에서는 사전준비에 관한 실무적인 유의사항에 관하여 살펴보기로 하겠습니다. 이어 제IV장에서는 예방노력에 불구하고 분쟁이 발생했을 경우에 분쟁을 사후적으로 해결하는 방법들을 검토해 보겠으며, 제V장에서는 실제 분쟁의 사례들을 양태별로 살펴보도록 하겠습니다.

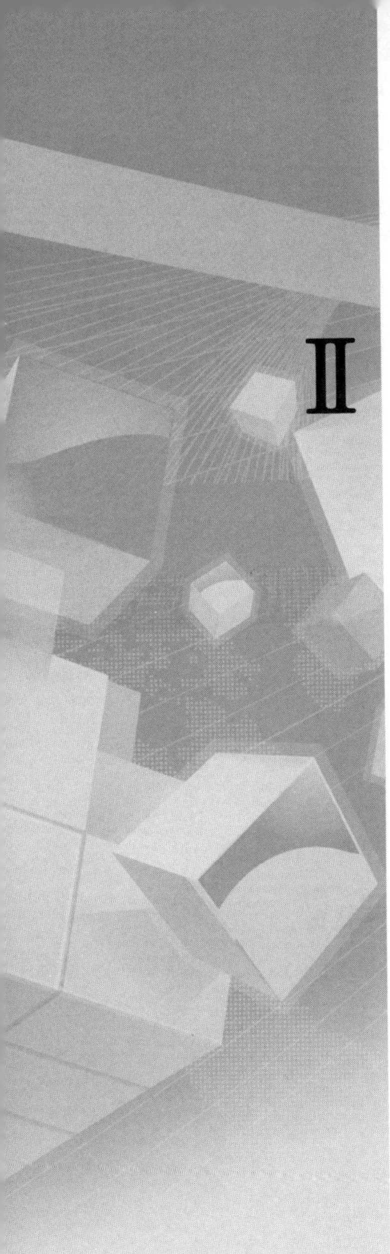

Ⅱ 분쟁은 예방이 최선이다

가장 행복한 비즈니스는 친구 만들기이다.
그리고 친구 만들기보다 더 남는 장사는 없다.
인생은 주식이나 채권에 비할 것이 아니고
사랑은 경제적 수치와 비교할 것이 아니기 때문이다.
그리고 우정의 이름으로 베푼 돈은
훗날 분명히 회수된다.

-앤 이튼, "우정이라는 비즈니스" 중에서-

1 분쟁예방의 중요성

가. 해외투자는 볼모가 될 수 있다

해외투자기업은 처음에는 투자대상국(정부당국 및 투자의 대상이 되는 지역사회)의 축복을 받고 팡파레를 울리면서 사업을 시작하지만, 일단 투자가 실행되고 자본이 투하되고 나면 해외투자는 볼모가 될 수 있습니다. 이는 투자대상국이 투자분 회수나 과실송금에 법적 제한을 두기 때문은 아닙니다. 오늘날에는 대부분의 투자대상국들이 외국인 투자유치를 위하여 투자분의 회수나 과실송금을 법적으로 보장하는 것이 보통이며, 이러한 약속을 어길 경우에는 미래의 투자유치에 큰 차질이 초래될 것이기 때문입니다.

그런데도 투자회수가 곤란한 이유는 현실적인 데에 있습니다. 일단 투하된 자본을 회수하고자 할 때, 즉 공장을 매각하려 할 때, 적절한 구매자를 구하기도 어렵고 또 구한다 해도 가격이 폭락하기 때문입니다. 이러한 투자기업의 약점은 현지인들도 알고 있을 것이며, 이것이 현지인들의 협상지렛대(leverage)가 되기도 합니다. 현지 업계에서 담합을 하여 가격을 폭락시키는 경우도 배제할 수 없습니다. 분쟁해결절차를 한없이 지연시켜서 투자기업이 제품에 투자를 포기하거나 헐값에 인도하도록 유도할 수도 있습니다.

이러한 약점은 특히 긴급한 사업철수의 경우에 노정되기 쉬우며, 그러한 긴급한 위기는 현지국 또는 현지인들과의 분쟁에 의해 야기되는 경우가 많습니다. 분쟁은 해결 여부에 관계없이 투자자에게 막대한 손해를 안겨줍니다. 특히 위에 언급한 것처럼 분쟁의 결과로 사업을 철수하게 될 경우, 투자자의 손해는 막대합니다. 법적인 대응을 할 경우에는 고액의 변호사 수임료를 지급해야 합니다. 또한 분쟁이 발생하면 오랫동안 생산 및 영업활동이 중단될 수 있는데, 이에 따른 손해도 막대합니다. 아무튼 투자자에게 있어 분쟁의 발생은 재앙이 아닐 수 없습니다.

해외투자기업이 실패하는 주된 요인은 이윤이 없기 때문만은 아닙니다. 분쟁에 말려들고 또 그러한 분쟁을 해결하지 못하는 데에 실패요인이 있는 경우가 많습니다. 따라서 분쟁을 적절히 관리하여 수익성 있는 비즈니스를 망치지 않게 하는 것은 비즈니스 자체만큼이나 중요합니다. 그러나 우리 중소기업이 해외투자를 함에 있어 '분쟁의 관리' 문제에 대해 충분한 고려를 하는지는 의심스럽습니다. 경제적 고려, 즉 이윤을 낼 수 있느냐에 대한 고려가 보다 급박하기 때문입니다. 그러나 분쟁은 해외투자를 단숨에 '실패'로 전락시킬 수 있는 심각하고 당면한 문제입니다.

특히 해외경험이 일천한 우리 중소기업은 분쟁이라는 함정에 빠지기 쉽습니다. 즉, 분쟁은 우리의 해외진출 중소기업에게는 최대의 도전이라 할 수 있습니다.

나. 해외분쟁의 사후적 해결이 어려운 이유

오늘날 병 치료에 있어서 임상의학보다도 예방의학이 중요한 것과 마찬가지로 국제거래분쟁에 있어서도 실제로 분쟁이 발생한 뒤에 그것을 어떻게 처리할 것인가의 문제보다도 분쟁의 발생을 사전에 예방하는 대책이 중요함은 말할 것도 없습니다. 일단 분쟁이 발생하면 분쟁 쌍방에 경제적으로 손해가 돌아갈 뿐 아니라 분쟁을 해결하기 위하여 많은 시간과 노력을 투입해야 합니다. 이에 따라 영업활동에 막대한 지장이 초래되는 것이 보통입니다.

또한 일단 분쟁이 발생한 후에 분쟁을 해결하기는 어렵습니다. 이미 감정적 대립이 누적되고 '체면'의 문제가 개재되기 때문입니다. 민족주의적 사고방식이나 이방인에 대한 대항심리가 합리적인 해결을 방해하고 분쟁을 걷잡을 수 없게 확대시키기 쉽기 때문이기도 합니다. 분쟁해결의 과정에서도 해외투자기업은 핸디캡을 안게 됩니다. 어느 나라에서나 자국민중심주의(ethnocentrism) 또는 애국주의(patriotism)의 경향이 내재하고 있습니다. 따라서 자국민과 외국투자기업 간에 분쟁이 발생하면 자국민의 편을 드는 것은 인지상정입니다. 현지인들은 이를 이용하여 연출과 압력집단을 동원하여 분쟁의 처리를 자신들에게 유리하게 끌고 가려 할 것입니다. 법적인 절차를 밟는다 해도, 법제도가 후진적인 지역에서는 현지인에 의한 간접적 영향력 행사의 가능성을 배제할 수 없을 것입니다. 요컨대 분쟁을 사후적으로 해결하는 데에는 상당한 어려움과 리스크를 수반합니다.

분쟁은 투자자와 현지국 모두에게 손해를 안겨줍니다. 생산이나 영업을 잘 해서 흑자를 내던 투자기업이 퇴출을 당할 수도 있고, 현지인 근로자들이 무더기로 실직을 당하기도 합니다. 즉, 외국인투자에 관한 분쟁은 양측 모두가 손해를 보는 전형적인 "패패(lose-lose)의 게임"이 될 수 있습니다. 나아가 법적 절차를 통해 분쟁을 해결하고자 할 경우, 시간이 무한정 지연되고 변호사 비용이 눈덩이처럼 불어날 수 있습니다. 개도국에서는 손해배상 액수가 예상에 못 미치는 경우가 대부분이고, 또 소송의 상대방이 손해배상액을 지불할 능력이 없는 경우도 많습니다. 따라서 투자기업은 분쟁해결을 위한 법적 절차에서 승리하고도 패배하는 경우가 많습니다.

분쟁은 예방이 중요합니다. 분쟁이 현실화되었을 경우의 막대한 손해를 감안할 때, 분쟁의 사후해결보다는 사전예방에 주력하는 것이 바람직합니다. 나아가 불필요한 감정적 대립이나 소모적인 대치의 악순환을 막기 위해서도 분쟁의 예방이 중요합니다. 해외투자를 검토하는 초기단계부터 어떻게 하면 분쟁을 예방하느냐 하는 문제에 관심을 부여해야 합니다. 분쟁을 예방하기 위해서는 무엇보다도 분쟁을 발생시키는 요인이 무엇인지를 파악하는 것이 우선적 과제입니다. 이하에서는 해외투자기업에서 분쟁이 발생하는 요인들에 관하여 살펴보고자 합니다.

2 왜 분쟁이 발생하는가

실제로 분쟁을 발생시키는 직접적 · 외면적인 원인은 다양합니다. 해외투자는 투자자와 투자유치국 모두에게 이익이 되는 것이 보통입니다. 투자자는 저임금이나 인접 거대시장에 대한 접근 등의 이점을 노릴 수 있습니다. 또한 투자자는 각국이 해외투자의 유치를 위해 경쟁적으로 제공하는 여러 특혜도 누릴 수 있습니다. 투자대상국이나 현지인들의 입장에서 보아도, 해외투자는 자본이 부족한 투자유치국에게 자본을 제공하고 고용을 증진시킵니다. 따라서 해외투자기업이 안정적으로 생산 · 영업하는 것이 이익이지, 철수하거나 문을 닫는 것은 결코 투자유치국에게 좋은 일이 아닙니다. 따라서 해외투자기업과 현지 투자대상국은 상호보완적 관계에 있으며 핵심적인 이해관계를 공유합니다.

바로 이러한 이해관계의 일치가 해외직접투자를 안정적으로 만드는 기본적 요인이 됩니다. 이런 측면에서 해외투자는 모두에게 이익이 되는 "승승(win-win)의 게임"이라 할 수 있습니다.

이처럼 분명한 상호이익이 존재하는 데도, 현실적으로 분쟁에 휘말리거나 애로에 봉착하여 문을 닫거나 철수를 하는 경우가 국내보다 해외투자기업에서 더 빈발하는 근본적 이유는 무엇일까요? 그 첫째 이유는, 인간관계와 마음가짐에 있다고 봅니다. 현지인들을 진정한 자신의 동료나 친구로 인정하지 않기 때문입니다. 현지국을 마음으로 이해하고 사랑하지 않고, 오히려 현지인들을 경멸하거나 무시하기 때문입니다. 둘째 이유는, 현지국과 본국과의 차이를 극복하지 못하기 때문입니다. 현지국과 본국과는 문화와 법제가 다르고 사고방식도 다릅니다. 이러한 차이는 상호보완의 원천이 되기도 하지만, 분쟁을 발생시키기도 쉽습니다. 서로 오해하기도 쉽고, 불신과 의심에 입각하여 인간관계를 엮어나가기 쉽습니다. 감정적 대립 속에서 보다 큰 상호이익이 존재한다는 사실을 망각하기 쉽습니다.

실제로 분쟁의 직접적 원인은 다양합니다. 불리한 행정조치일 수도 있고, 노사관계나 주변 커뮤니티와의 불화 때문일 수도 있습니다. 합작투자선과의 갈등 때문일 수도 있고, 법적인 쟁송에 연루된 경우도 있습니다(이에 관해서는 후술하는 "V. 분쟁의 유형별 사례"를 참조하기 바랍니다). 그러나 이러한 표면적인 원인의 배후에는 보다 근본적인 요인이 깔려있는 경우가 많습니다. 해외투자기업이 자주 직면하는 제반 분쟁에 공통되고 또 분쟁발생의 저변을 이루는 요인들입니다. 심리적 요인, 인간관계 및 문화적 차이 등이 그러한 저변의 요인입니다. 이러한 요인들은 일단 발생한 분쟁을 악화시키고 해결을 지연시킴으로써 투자기업에 대한 타격을 심각하고 결정적인 것으로 만들기도 합니다.

가. 인간관계의 결여

국내에서나 해외에서나 분쟁이 일어나는 가장 근본적인 원인은 인간관계에서 찾을 수 있습니다. 예컨대 오랜 고객이 고객관계를 끊고 다른 고객한테 갔다면 그 이유가 기술이나 가격의 문제 때문일까요? 아마 아닐 것입니다. 그 이유는 대부분 인간관계에서 찾아야 할 것입니다. 오랜 고객이 사전 예고도 없이 갑자기 제품의 하자나 계약위반을 이유로 소송에 회부했다면 이것이 단순히 기술상의 문제일까요? 아닐 것입니다. 이것 또한 인간관계의 문제일 가능성이 높습니다. 무릇 제반 분쟁의 근본적 원인은 인간관계에서 찾을 수 있습니다.

해외투자는 '연고'가 없는 곳에 투자하고 영업하는 것입니다. 국내로 치면 전혀 아는 사람이 없는 시골에 전원주택이나 공장을 짓는 것에 비유될 수 있습니다. 전원주택 주인이나 공장주는 일견 자신들의 거주나 생산에 관계가 없어 보이는 아랫마을과 관계를 단절하고 살 수도 있고, 또는 마을행사에도 참여하고 막걸리를 기증하는 등 긴밀한 관계를 맺을 수도 있습니다. 그런데 이러한 관계는 항상 상호적입니다. 이쪽에서 관계를 단절하고 살면 마을 사람들도 등을 돌립니다. 전원주택에 강도가 들었다 해도 아무도 와서 도와주지 않습니다. 공장 옆에 쌓아 둔 토사나 폐기물이 흘러내려서 마을 쪽으로 내려가면 마을주민들이 집단으로 격렬하게 항의를 합니다. 군청에 토지형질변경을 신청해도 시간만 질질 끌면서 해 주지 않습니다. 전원주택 주인이나 공장주는 이를 텃세라고 부를 것입니다. 그러나 실제로 이러한 텃세는 상당부분 전원주택 주인이나 공장주가 자초한 것인 경우가 많을 것입니다. 즉, 인간관계의 결여가 그 배경인 경우가 대부분입니다.

해외에서는 이러한 텃세가 더 심할 수 있습니다. 해외투자자와 현지인 간의 '차이'가 국내보다 더 심하기 때문입니다. 겉모습부터 다르고 문화나 관습도 다릅니다. 사고방식이나 가치체계도 다릅니다. 이러한 차이 때문에 서로를 속으로 경멸하기도 합니다. 또한 해외투자자는 조만간 현지국을 떠난다는 생각에 현지사회에 대한 동화를 외면하기 쉽습니다. 그래서 해외투자자는 외딴 섬에 사는 것처럼 현지사회에서 격리되어 사는 경우가 많습니다. 이러한 상황에서 분쟁이 발생했다 합시다. 여러분이 현지 사람이라면 해외투자자자의 편을 들겠습니까? 결국 해외투자자는 '친구'가 없이 고립무원의 상태에 빠져 고전합니다. 최악의 경우에는 투자를 중단 또는 철수하게 됩니다.

결국 분쟁은 사람 사이의 관계에서 비롯됩니다. 우리는 국내에서도 장사가 잘 되는 동업관계가 인간관계 때문에 파탄에 직면하는 경우를 자주 보지 않습니까? 인간관계는 반드시 상호이익이라는 합리적 생각에 의해 좌우되는 것은 아닙니다. 싸움은 대개의 경우 쌍방 모두에 손해를 가져오기 마련이며, 합리적으로 생각한다면 싸움은 무조건 회피하는 것이 최선입니다. 그럼에도 불구하고 사람들이 싸우는 것은 대개 감정적 요인 때문입니다. 마찬가지로 해외투자기업과 투자대상국도 상호이익을 가지고 있음에도 불구하고 실제로 여러 가지 분쟁에 연루되어 감정대립 속에서 공통의 이익을 망치곤 합니다. 특히 의사소통도 잘 안 되고 문화도 다른 투자자와 투자대상국 사이에서 감정적 대립의 소지는 크게 마련입니다.

가상사례 노사분쟁의 선동

중미지역 N국에 진출한 K봉제업체에서 작업 중 음주 혐의로 쫓겨난 산체스라는 현지근로자(본인은 점심식사 중에 다소의 음주를 하는 것은 현지 관습에 비추어 잘못된 일이 아니며, 자신은 음주를 했어도 실적이 부족하거나 지연된 적은 없는데 회사측에서 면담도 하지 않고 해고했다고 주장하면서 동건을 노동위원회에 고발하였다. 산체스는 퇴사 후에도 회사를 출입하며 동료들을 선동하여 임금인상 및 작업조건 개선 등을 요구하는 노사분쟁의 배후 역할을 하고 있었다. 회사측에서는 불법침입 등의 이유로 산체스의 회사 출입을 막아보고자 회사 근로자들에게 동인이 출입할 경우 즉각 보고하라는 엄명을 내렸으나 보고가 전혀 없었으며, 관할 경찰서에도 연락(신고)하였으나 시큰둥한 반응을 보이던 경찰은 결국 나타나지 않았다. 산체스는 현지사회에 마치 일지매 같은 존재로 부상하여 회사 근로자들을 선동하였으며, 회사 근로자들은 마침내 산체스가 사주한 것과 같은 내용의 요구를 내걸고 파업에 들어갔다. 이와 관련하여 노동위원회 조사단이 회사를 방문할 예정이다.

나아가 산체스는 회사에서 배출된 폐기물이 회사 앞 마을을 오염시키고 있다는 소문을 유포, 마을 사람들은 회사 앞에서 데모를 하면서 폐기물 제거와 손해배상을 요구하고 있다. 환경단체도 동조 데모를 하였으며, 주재국 환경청도 조만간 조사단을 파견할 예정이라 한다. 상기로 인하여 회사는 장기간 정상조업을 하지 못하고 있어 막대한 손해를 보고 있다.

본 건과 관련하여 회사의 근로자들이 쉽사리 산체스에 동조한 점, 경찰이 회사의 요청에 적극 응하지 않은 점, 마을 주민들이 산체스의 회유에 쉽게 넘어가서 회사측과 협의도 하지 않고 행동에 들어간 점, 산체스 해고과정에 문제가 있었던 것으로 보이는 점(산체스 주장이 사실일 경우) 등에 비추어 회사측의 인간관계 관리에 문제가 있었던 것으로 보인다. K업체에 대한 현지사회의 지지가 없는 고립무원의 현 상황에서는 노사분쟁 사태의 해결에 큰 어려움이 있을 것으로 전망된다.

요컨대 인간관계는 분쟁발생의 근저에 있는 원인입니다. 따라서 현지인들과 좋은 인간관계를 유지하는 것은 분쟁예방의 첩경입니다. 물론 어느 나라를 가나 악인이 있고 질이 좋지 않은 사람도 있게 마련입니다. 따라서 우발적인 분쟁이 일어나는 것은 불가피합니다. 그러나 평소에 넓고 깊은 인간관계를 구축해 두었으면 분쟁이나 위기가 발생할 경우 이들 친구들이 잠재적인 지지세력이 될 수 있으며, 이들과의 긴밀하고 원활한 소통을 통하여 분쟁을 조기에 진화할 수도 있습니다. 분쟁은 상호적입니다. 분쟁은 인간관계를 소중히 하지 않는 양측 모두의 과실에서 비롯됩니다. 슈바이처 박사의 말처럼 "인연을 소중히" 하지 않는 생활철학에서 비롯됩니다.

나. 소통의 부족

인간관계의 부족은 현실적으로는 '소통의 부족'이라는 형태로 나타나는 경우가 많습니다. 그런데 소통(communication)이라는 것은 그렇게 엄청난 것만은 아닙니다. 일류 호텔

식당에서 밥을 먹으며 얘기해야 소통이 되는 것도 아닙니다. '국민에 대한 성명'이나 '종업원에 대한 사장의 당부말씀' 식의 거창한 발표를 해야 소통이 되는 것도 아닙니다. 예컨대 앞서 언급한 연고 없는 시골의 공장주가 농사짓는 마을 주민에게 "올 고추 농사 어떻습니까? 여기 음료수가 있는데 한 병 드시지요"라고 말했다면, 이는 훌륭한 소통입니다. 이러한 소통으로 서로가 '아는 사이'가 되면 최소한 상대에게 해가 되는 행위를 할 때 다시 한 번 생각을 하게 됩니다. 앞의 "노사분쟁 선동"의 사례에서도 마을 주민과 사장 사이에 소통이 있었다면 최소한 사전 상의도 없이 데모에 나서지는 않았을 겁니다.

그런데 우리는 외국에서 소통하는 것을 좀 두려워하는 경향이 있습니다. 물론 외국어 때문입니다. 그래서 현지인들과 인간관계를 맺기 위한 대인접촉에 소극적인 경우가 많습니다. 그러나 대부분의 경우 문제되는 것은 외국어 자체가 아닙니다. 중요한 것은 나름의 외국어를 써서 소통을 해 보려는 적극성입니다. 이와 관련하여 우리 외교관들의 예를 들고자 합니다. 외교관들이 발령을 받을 때, 자기가 익숙한 언어의 사용국에 발령된다는 보장은 없습니다. 현지어를 전혀 못하는 나라에 발령될 수도 있습니다. 현지어를 못할 경우, 아래 두 가지 방법 중 하나를 선택할 수밖에 없습니다.

1) 대인접촉(인간관계 형성)을 가급적 삼가거나, 같은 한국인 또는 영어 사용자(외국인 및 소수의 현지인)를 중심으로 소통을 하는 방법
2) 현지어를 배우도록 노력하면서, 기초적인 현지어, 영어, 손짓 발짓을 섞어서 끙끙대면서 현지인과 소통하는 방법

'끙끙대면서 소통하기'는 의외로 효과가 좋습니다. 상대방도 이것이 현지어로 소통하고자 하는 절실한 의욕의 표시임을 알고 흐뭇해하기 때문입니다. 현지인 중에는 자기도 손짓발짓을 해 가면서 현지어를 가르쳐주기도 합니다.

이러는 과정에서 소통도 이루어지고 우정이 생깁니다. 이는 현지어에 능통한 사람은 오히려 경험하기 어려운 것입니다. 우리 국내에서 외국인을 볼 때, 한국어를 한국인 빰치게 잘 하면 어쩐지 징그러운 느낌이 들지만, 한국어를 잘 못하면서도 열심히 하려고 애를 쓰는 외국인에 대해서는 호감을 갖는 것과 마찬가지입니다.

이 때문에 현지어를 갓 배운 외교관이 현지어에 능통한 외교관보다 인간관계를 더 넓고, 깊게 발전시키는 경우도 적지 않습니다. 이러한 외교관들의 경험은 우리 중소기업의 현지 사장 또는 지배인의 경우에도 적용될 수 있다고 생각합니다. "소통은 마음"입니다. 현지어를 잘 하는 것보다 현지어를 하겠다는 열성과 노력이 더 중요합니다. 외국어를

소통하겠다는 마음과 용기만 있으면 현지인들과 소통하고 인간관계를 맺는 데 전혀 문제가 없다고 봅니다. 위에 언급한 공장주와 농부 사이의 대화를 언어장벽이 있다 해서 못하겠습니까?

사 례 100단어 현지어 실력으로 대통령을 상대하다

현지어를 거의 못하면서 기지와 용기로 현지 대통령과 마음의 이야기를 주고받은 사례가 있다.

한국의 모 외교관은 스페인어를 전혀 못하는데 남미의 모 국가 주재 대사관 차석으로 발령받았다. 끙끙대고 다니면서 열심히 스페인어를 배웠지만 아직 유치한 스페인어밖에 못하던 부임 초기의 일이었다. 그 나라 대통령이 각국 대사들을 위한 신년하례회를 개최하는데 대사가 사정상 참석을 못하니 대신 참석을 하지 않겠느냐는 요청을 받았다. 장시간 연설하는 것으로 유명한 그 나라 대통령이 연설을 마치면 바로 행사가 끝날 것이니 걱정할 것 없다는 이야기를 듣고 이 외교관은 신년하례회에 참석하였다.

그런데 대통령 연설이 끝나자 사회자는 대통령이 각국 대사들과 개별적으로 신년 인사를 하고자 하니 호명하는 대로 앞으로 나와 달라는 것이었다. 한국 외교관은 눈앞이 캄캄해졌다. 눈치를 보니 영어통역은 있는 것 같지만, 통역을 쓰는 것은 그 나라에 대한 예의도 아니고 모처럼 대통령과 대화하는 기회를 허송하는 것이라고 느껴졌다. 그래서 이 외교관은 100단어의 스페인어 실력으로 정면 돌파를 해 보겠다는 비장한 결심을 했다. 이하는 이 외교관과 그 나라 대통령 간의 대화(스페인어) 내용이다.

외교관: (대통령 앞에 서서) 제 이름은 호세(Jose)입니다.
  * 호세는 이 외교관의 현지 이름

대통령: (눈만 똥그래졌음)--한국대사 이름이 호세라고(?) 하면서 의아해 한 듯

외교관: 나는 이 나라 사람입니다.

대통령: (눈이 더 똥그래졌음)

외교관: (다음 말을 하기 전에 효과를 내기 위해 약 4-5초간 뜸을 들인 후에…) 내 마음 속으로 그렇습니다(de mi corazon).

대통령: (박장대소를 터트리고, 한국 외교관을 얼싸 안으면서 '호세, 고맙습니다'를 연발하면서 몇 번이나 등을 두드린 후, 옆에 서 있던 부통령, 외무장관 등에게 자랑을 하고 이들에게 한국 외교관을 일일이 소개한 후에 다시 한 번 포옹을 하면서 아래와 같이 작별인사를 하였습니다.) 마음속으로 감사드립니다(Muchas gracias, *de mi corazon*).

이 한국 외교관은 그 후에도 각계의 현지 사람들과 '끙끙 스페인어'를 계속 실행하였으며, 그 결과로 누구보다 넓고 다양한 인간관계를 구축하고 즐겁게 현지생활을 보낼 수 있었다.

다. 이방인 의식

해외투자자는 현지사회와의 관계에서 두 가지 중 한 가지 생활태도를 선택합니다. 첫째는, 현지사회에 초연한 이방인으로 남는 것입니다. 꼭 필요한 경우를 제외하고는 현지인을 만나지 않고, 현지국의 문화를 이해하려는 노력도 하지 않습니다. 이들 중에는 현지국(특히, 개발도상국)에 배속된 것에 불만을 갖고 가급적 빨리 본국이나 선진국으로 전근하기를 희망하면서 본국에 촉각을 곤두세우고 있는 사람들이 많습니다. 둘째 선택은, 현지사회에 동화하는 것입니다. 현지인들과 넓게 교류하고 현지국의 문화를 이해하여 현지 커뮤니티의 일원이 되도록 노력하는 것입니다. 그런데 한국투자기업의 현지 사장이나 지배인 중에는 이방인의 길을 선택하는 경우가 많습니다. 현지인들은 이들이 이방인이라는 것을 금방 압니다. 그러한 생각은 말하지 않아도 직접·간접적으로 현지인들에게 전달되기 때문입니다. 그래서 현지인들은 이방인들을 이방인으로서 대우하고 텃세를 부리기도 합니다. 그러면 이들 이방인들은 자신들이 돈만 벌면 현지국을 떠난다는 생각을 하고 있다는 것은 망각하고 현지인들이 자신들을 떠돌이 또는 왕따로 취급한다고 불평합니다. 그러면서 악순환이 계속됩니다.

우리 한국 사람들은 현지사회와의 융화 내지 동화에 취

약합니다. 우리가 오랜 역사적 전통을 가진 단일민족이라는 것이 오히려 타문화에 대한 적응 또는 동화에 마이너스 요인으로 작용하고 있는 것으로 보입니다. 그래서 외국에 나가서도 우리 음식을 고집하고, 우리 비디오를 보고, 우리끼리 어울리면서 현지인이나 현지 커뮤니티와는 담을 쌓고 지내는 한국인이 많습니다. 미국에 이민 간 한국인들도 미국보다 한국의 국내정치나 뉴스에 촉각을 세웁니다. 한국어가 통용되는 한국의 축소판이라 할 수 있는 코리아타운을 만들기도 합니다. 재미한국인들 중에는 미국의 시민권을 얻었어도 미국 내에서 영원한 이방인으로 남아있는 경우가 많습니다. 이러한 이방인 의식과 끼리끼리 문화는 한국인을 LA흑인폭동의 주된 목표로 만드는 데 기여한 것으로 보입니다.

이는 중국인도 마찬가지입니다. 세계 어디를 가도 차이나타운이라는 화교들끼리의 배타적 커뮤니티가 있습니다. 현지사회에 대한 기여는 없이 중국 본국만 바라보는 화교들은 현지인들의 질시와 분노의 대상이 되기 쉽습니다. 1998년 인도네시아 폭동에서 화교들은 주된 공격목표가 되었으며, 기타 말레이시아 등에서도 비난의 대상이 되어 왔습니다. 화교들은 그간 근면과 자본 축적으로 막강한 경제력을 형성해 왔습니다. 그러나 각국의 국가적 아이덴티티가 강화되는 추세 속에서 '영원한 이방인' 인 화교들의 입지는 점점 줄어들고 있습니다. 이제 민주화된 세계에서 현지인들의 협조가 없이는 사업하기가 점점 어려워지기 때문입니다. 그래도 화교들은 중국이라는 강대국의 후광을 업고 있습니다. 그러나 우리 투자기업의 경우에는 이러한 후광을 기대하기도 어렵습니다.

우리 투자기업이 강한 동포의식을 가지고 현지사회로부터 격리되어 끼리끼리 사는 것은 '단합'이 아닙니다. 세계화의 추세에 어긋나는 '고립'일 뿐입니다. 현지사회와의 갈등과 현지사회의 배척을 초래하여 결과적으로 현지에서의 생산이나 영업활동에 지장을 초래할 뿐입니다. 자신이 잘 아는 사람, 자신과 생각이나 문화가 비슷한 사람과의 관계에서는 분쟁이 잘 발생하지 않습니다. 이른바 동류의식(同類意識)이 작용하기 때문입니다. 나아가 자신이 앞으로 오랫동안 보거나 관계를 가질 사람과의 관계에서도 분쟁은 잘 발생하지 않습니다. 분쟁이 잘 일어나는 것은 스쳐지나가는 이방인이나 뜨내기와의 관계에 있어서입니다. "내가 언제 너를 다시 보겠느냐"는 생각에서 거리낄 것 없이 공격을 해댈 것이기 때문입니다.

라. 문화적 차이

문화적 차이를 도외시하여 현지인들의 감정을 자극하는

것도 분쟁 발생의 잠재적 요인이 될 수 있습니다. 해외투자자가 현지국의 문화를 무시하고 건방진 태도를 보이는 경우, 당장 분노와 오해를 초래할 수도 있습니다. 그러한 감정 자극 행위가 당장 분쟁으로 이어지지는 않는다 하더라도, 이러한 대인접촉과정에서 형성된 이미지가 우리 투자기업에 대한 현지인들의 인식에 영향을 미치고 나아가 향후 분쟁이 일어났을 때 불리한 영향을 미칠 수 있습니다. 구체적으로 문화적 차이가 분쟁을 야기할 수 있는 대표적인 경우를 예시하면 다음과 같습니다.

1) 국가적 자존심(national pride)에 대한 공격 또는 무시

- 상대국의 자존심을 건드리는 것은 중화사상의 중국은 물론 기타 개도국에서 절대로 범해서는 안 되는 금기사항입니다. 비공식적인 술자리에서도 예컨대 중국 사회주의(공산당) 체제에 대한 비판, 소수민족문제(특히, 티베트문제 등), 대만문제, 동북공정 등에 대해 목청을 높이면서 비판하는 것은 실리도 없이 상대방의 감정만 돋울 가능성이 있으므로 삼가는 것이 좋습니다. 다른 개도국에서도 정치적으로 민감한 사항을 화제로 삼는 것은 금물입니다.
- 상대국의 빈곤, 무질서, 범죄의 만연, 상대국 사람들의 인간성에 대한 비난 등 상대국의 자존심을 건드리는 언급도 자제하는 것이 좋습니다.

- 상대국의 문화수준, 교육수준 등에 대한 언급도 적절치 않습니다.

2) 금기(taboo)를 건드리는 것

- 상대국의 사회문화적 금기사항에 해당하는 것이 무엇인지를 조사하여 이들을 위반하지 않도록 조심하는 것이 좋습니다.
- 예컨대 이슬람권에서 오른손으로 음식을 먹어서는 안 된다는 것, 손가락으로 원을 만들어 OK라는 표시를 하는 것을 외설스런 표현으로 받아들이는 나라가 있다는 것, 상대방의 눈을 똑바로 쳐다보면서 말하는 것을 터부시하는 국가가 있다는 것 등이 금기의 예입니다.

3) 기타 무례한 행동을 반복적으로 하는 것

- 금기까지는 아니더라도 그 나라의 문화에 어긋나거나 상대국 사람들이 무례하게 생각하는 행동을 반복해서 행하는 것은 피해야 합니다.
- 한번 무례를 범한 후에 나시 만나시 "전번에는 이곳 경험이 짧아서 무례를 범했다"고 사과하는 것은 좋은 제스처가 될 수 있습니다(이러한 사후 사과는 상기 국가적 자존심 공격, 금기 위반 등의 경우에도 적용될 수 있음).

실제에 있어 한국인들이 가장 실수하기 쉬운 무례 내지 문화적 차이는 "서두르는 것," 즉 "빨리빨리"의 버릇입니다. 한국인처럼 서두르는 사람들은 세계에 없습니다. 한국인 여행자들이 자주 이용하는 외국 기념품점 점원들이 가장 먼저 배우는 한국말이 "빨리빨리"라고 합니다. 그런데 그러한 빨리빨리를 외국인에게 강요하거나 밀어붙일 경우, 외국인들은 무례하다고 생각하거나 속으로 경멸하게 됩니다. 특히 빨리빨리에 익숙지 않은 현지인 종업원에게 빨리빨리를 강요하는 것은 오만함의 표시 또는 문화적인 모욕으로 받아들여질 수 있습니다. 빨리빨리는 국제화를 위해 우리가 극복해야 할 가장 중요한 문화적 걸림돌이라 할 수 있습니다.

우리 대기업들은 현지파견 직원들에게 문화적 차이에 관한 교육을 비교적 철저히 시키고 있으나, 중소기업들은 그러한 교육을 시킬 여유가 많지 않은 것으로 보입니다. 그러나 이러한 문화적 차이는 좀벌레처럼 우리 투자기업의 기반을 서서히 부식시킬 수 있음을 명심해야 합니다.

3 분쟁을 어떻게 예방하나

분쟁예방에 관한 첫 번째 질문은 "과연 분쟁은 예방할 수 있나?"가 될 것입니다. 그리고 이 질문에 대한 답은 "상당 범위까지 그렇다"가 될 것입니다. 국내기업간의 관계에서도 거의 분쟁에 연루되지 않는 기업이 있는 반면, 분쟁 속에서 사는 기업도 있습니다. 학생들 중에도 동료 학생들과 좌충우돌 싸우는 학생도 있는가 하면 다른 학생들에게 당당하게 대하면서도 싸우지 않는 학생도 있습니다. 해외에서도 마찬가지입니다. 유사한 무역·투자환경하에서 영업하는 외국기업 중에도 자주 분쟁에 휘말리는 기업도 있고 분쟁에서 자유로운 기업도 있습니다. 이러한 차이는 분쟁이 대처하기에 달렸으며, 상당 범위까지 분쟁의 예방이 가능함을 보여줍니다.

그렇다면 두 번째 질문은 "어떻게 하면 분쟁을 예방할 수 있나?"가 될 것입니다. 이에 대해 각인각색의 답변이 있을 수 있습니다. 변호사는 회사의 정관, 합작투자서 등 각종 계약서를 철저하게 작성하면 분쟁을 예방할 수 있다고 할 것입니다. 비즈니스스쿨 졸업생(MBA)은 선진적인 인사관리, 노무관리, 고객관리 기법을 적용하면 예방할 수 있다고 조언할 지도 모릅니다. 기타 해외진출에 대한 철저한 사전준비가 분쟁예방의 길이라는 조언도 가능할 것입니다.

그러면 이들 주장을 실제 국내의 비즈니스의 경험에 비추어 보면 어떻습니까? 철저한 계약서, 기술적인 경영관리, 철저한 조사 등이 분쟁을 예방해 주나요? 일부 세부 기술적 사안에 대해서는 예방의 효과가 있을 지도 모릅니다. 그러나 이러한 기술적인 분쟁 대책은 사람 사이의 '관계'가 틀어지고 악화되는 본격적인 분쟁에 대해서는 속수무책이 아닐까요? 앞서 언급한 공장주와 농부와의 관계에 비유해 봅시다. 폐기물 방치 문제에 관한 커뮤니티의 항의 데모에 대해 공장주가 "법대로 하자"고 하면서 버틴다 해서 문제가 해결되겠습니까? 이 단계에서 문제는 불법행위를 했는지 여부가 아닙니다. 문제는 관계이고 감정입니다. 의법처리를 내세우는 공장주의 태도는 분쟁을 해결하기는커녕 더 악화시킬 수 있을 것입니다.

분쟁은 결국 사람 사이의 문제, 즉 '관계'의 문제입니다. 그중 상당부분이 감정의 문제에서 비롯되기도 합니다. 그렇다면 분쟁의 예방도 '사람 사이의 관계', 즉 인간관계의 차원에서 접근해야 한다고 봅니다. 해외진출의 경우에는 이러한 인간관계의 측면이 더 두드러집니다. 차이가 많은 이질적 사람들 사이의 관계이기 때문입니다. 따라서 분쟁을 근본적으로 예방하기 위해서는 앞 장에서 언급한 분쟁의 근본원인을 예방하고 치유하지 않으면 안 됩니다. 즉, 인간관계를 잘 구축하고, 의사소통을 원활히 하며, 현지사회와 융화하며, 문화적 차이를 극복하도록 노력하는 것이 곧 분쟁 예방의 지름길입니다.

가. 인간관계 형성을 위한 마음자세

인간관계의 형성이나 소통, 현지와의 동화 등은 인위적인 노력만으로는 잘 되지 않는 경우가 많습니다. '마음(heart)'이 들어가 있지 않은 피상적인 제스처는 금방 간파되기 때문입니다. 국내영업에서 상대의 환심을 사기 위해 마음에 없는 말이나 행동을 하는 것이 금방 탄로 나는 것과 마찬가지입니다. 따라서 진정한 인간관계를 형성하고 친구를 만들기 위해 무엇보다 필요한 것은 '진심'입니다. 즉, 마음 속으로 상대방을 신뢰하고, 존중하고, 애정을 갖는 것입니다. 이러한 마음의 관계를 맺기 위해서는 무엇보다도 다음과 같은 마음가짐이 필요하다고 봅니다.

1) 마음을 열어라

우리는 어지간해서는 마음을 열지 않습니다. 특히 이방인(외국인)에 대해서는 마음을 굳게 닫는 경우가 많습니다. 그러면 당연히 외국인도 우리에 대해 마음을 닫습니다. 이렇게 마음을 닫은 사람들은 서로를 의심의 눈으로 봅니다. 이러한 '닫힌 마음'을 갖고 있으면 서로 소통이 잘 안 되고, 그 결과로 불신이 심화되고 의심과 오해가 증폭됩니다. 이러한 불신과 폐쇄는 분쟁의 근본적인 원인이 됩니다.

그러면 이러한 '닫힌 마음'을 어떻게 하면 열 수 있을까요? 그 답은 간단합니다. 내가 먼저 마음을 열면 됩니다. 내가 먼저 신뢰하면 됩니다. 그러면 상대도 마음을 열 것입니다. 그러나 오랫동안 불신 속에서 살아온 우리에게 이것은 쉽지가 않습니다. 이방인에 대해서는 더욱 그렇습니다. 약탈을 일삼던 '투쟁의 시대'를 살아오면서 이방인에 대한 우리의 불신은 깊어져 왔기 때문입니다.

그러나 세계화와 정보화는 이러한 불신풍토에 혁명적인 변화를 초래하고 있습니다. 정보화는 제반 영업활동에 있어 투명성을 제고시키고 사업상대방에 대한 정보의 입수를 용이하게 합니다. 이제 '평판'은 기업들의 생명줄이 되고 있으며, 배신이나 사기는 기업에 치명상이 됩니다. 이러한 상황에서 불신의 포로로 남아 있어서는 시대에 앞서갈 수 없습니다.

2) 사랑하라

애정은 상대적입니다. 내가 상대를 미워하면 상대도 나를 미워하기 마련입니다. 존경과 경멸도 마찬가지입니다. 내가 상대를 멸시하면 상대도 나를 멸시합니다. 그리고 미움과 멸시는 분쟁으로 인도하는 씨앗이 됩니다. 그러면 '미워하는 마음', '멸시하는 마음'을 어떻게 치유할까요? 우선 상대의 좋은 점을 보려고 노력하는 것이 무엇보다 중요합니다. 현지인의 무식하고 가난하고 더러운 것을 보기 보다는 그들의 착하고 순수한 점을 높이 사야 합니다. 내가 먼저 상대를 사랑하려고 노력하는 것도 중요합니다.

3) 배려하라

최근 비즈니스에서 배려의 중요성이 강조되면서 '고객감동' 등이 유행어가 되고 있습니다. 그러나 이러한 배려는 표준화되고 대량생산적인 것으로서 실제로 고객의 감동을 자아내지 못하는 것이 많습니다. 배려는 개성화되어야(personalized) 합니다. 예컨대, 투자기업의 지사장이 현지 직원들이나 주요 고객들의 생일을 일일이 기억해 두었다가 간단한 생일파티라도 해 줄 수 있는 그런 배려여야 합니다.

상대로부터 배려받고 존경받기를 원하면서 자신은 상대를 배려하지 못하는 이기적 생각은 인간관계의 악화를 초래할 수 있습니다. 역으로 상대를 배려하고 존경하는 것은 친구를 만듭니다. 한국인, 특히 한국 '남자'들은 배려에 약합니다. 주로 배려를 받으면서 성장해 왔기 때문입니다. 배려를 하기 위해서는 '상대의 입장'에서 생각할 줄 알아야 합니다.

그러나 위에 언급한 인성은 오랜 성장과 교육과정을 통해 형성되어 온 것이어서 후천적 노력에 의해 바꾸거나 습득하기 어려운 것들이 많습니다. 예컨대 '사랑하는 버릇'의 경우, 사랑을 많이 받고 자라온 사람이 스스로도 사랑을 많이 베푸는 경향이 있습니다. 배려의 버릇도 마찬가지입니다. 따라서 직원들에게 이러한 인성을 교육하는 것도 중요하지만, 이러한 인성을 갖춘 사람을 해외진출과 관련한 간부직에 임용하는 것 또한 중요합니다.

나. 해외진출 간부 선임에 있어 '인격'의 중요성

인간관계는 결국 사람이 만들어내는 것입니다. 무역이든 투자든 대외관계에 종사하는 직원들이 상대방(counterpart)과 좋은 인간관계를 맺으면 회사전체의 대외관계가 좋아집니다. 반면에 회사의 직원들 개개인이 인간관계를 잘 관리하지 못하고 있으면 회사 전체의 이미지가 나빠집니다. 특히 회사의 얼굴이라 할 수 있는 간부직원들이 어떤 인간관계를 형성하는가는 회사의 전반적 대외관계는 물론, 분쟁의 예방에 결정적인 영향을 미칩니다. 특히 낯선 현지인과의 인간관계를 관리하고 현지화를 추진해야 하는 현지투자기업의 사장 또는 지사장의 책임은 무겁습니다. 이들은 현지국에 대한 투자기업의 이미지를 형성하는 주체이기 때문입니다.

그런데 우리 중소기업들은 현지 사장 또는 지사장을 선임함에 있어 인격(integrity)보다는 기술, 지식이나 경영능력을 우선하는 경향이 없지 않은 것으로 보입니다. 그러나 기술과 능력은 부하직원에 의해 보완될 수 있지만, 인격은 보완되기 어렵습니다. 현지 사장이나 지사장이 저질러 놓은 인간관계에서의 실수는 돌이킬 수 없습니다. 요즘 좋은 관리자를 구하기가 어려운 형편이어서 선택의 여지도 좁다는 것은 이해할 수 있습니다. 그러나 관리자의 행동과 사고방식은 투자기업의 대인관계, 분쟁의 예방, 이미지 및 평판의 형성 등에 결정적인 영향을 미치고, 나아가 투자기업의 존립에 결정적인 영향을 미칩니다. 따라서 관리자의 선정은 신중을 기하는 것이 바람직하다고 봅니다. 예컨대 해외투자기업에 파견할 간부직원을 선발하는 단계부터 그 사람의 인격(integrity), 현지국에 대한 이해, 현지인들에 대한 존중과 애정 등을 면밀히 검토하고, 분쟁의 예방 및 관리에 소질과 적성이 있는 사람에게 우선순위를 부여하는 것이 필요합니다. 이러한 문제에 소홀할 경우, 다음과 같은 재앙을 초래할 수 있습니다.

사 례 **주재국 멸시로 외교를 망친 대사**

동남아의 P국에서 일어난 일이다. 어느 날 그 나라의 유력 일간지에 유럽의 모 강국의 대사가 P국 사람들을 경멸하곤 한다는 사설이 실렸다. 물론 그 대사는 펄쩍 뛰면서 현지인을 멸시하는 발언을 한 적이 없다는 요지의 반박기사를 다른 신문에 게재하는 등 동분서주하였다. 그러나 이 사건에 대한 항간의 분석은 대략 아래와 같았다.

- 동 대사가 명시적으로 현지인을 경멸하는 공개적 발언을 하지는 않았겠지만, 현지인을 대하는 태도, 행동, 표정 등에서 경멸의 마음이 비추어졌을 것이다(그렇지 않다면 유력 일간지가 사설에까지 올리면서 동 대사를 감정적으로 비난하였겠는가?).
- 동 대사의 우월의식이 눈에 비추어졌을 가능성도 크다. 아마도, P국 사람들은 그 유럽국 대사의 입술(lips)을 읽지 않고 그의 눈을 읽었을 것이다.
- 이 사건으로 인해 그 유럽 국가는 최소한 3년간의 P국에 대한 외교는 헛수고한 것으로 보아도 될 것이다.

다. 신뢰와 불신, 그리고 비밀주의

인간관계에 대처하는 방식은 크게 보아 두 가지로 가를 수 있습니다. 하나는 불신에 입각하는 것이고, 둘은 신뢰에 입각하는 것입니다. 그러나 인류 역사상 불신이 주류를 이루었다고 생각됩니다. 특히 이방인과의 관계에서는 '우선 불신'이 기본적인 태도였습니다. 서로 약탈과 절도를 일삼고 있던 '투쟁의 시대'에 이방인에 대한 불신은 당연했습니다. 이방인에 대한 '정보'가 없었다는 것도 이러한 불신을 심화시키는 데 기여했습니다. 이러한 불신의 심리는 사업 기회를 열고 비즈니스를 확장시키는 데 장애가 되었으나, 사업의 리스크를 줄이기 위한 불가피한 희생이라고 간주되었습니다.

세계화는 이러한 기업풍토에 혁명적인 변화를 초래하고 있습니다. 세계화가 초래하고 있는 변화는 크게 보아 두 가지입니다. 첫째는, 정보화입니다. 거래상대방에 관한 '정보'를 쉽게 입수할 수 있게 되었다는 것입니다. 투명성이 강화되어 사업에 관한 정보도 보다 쉽게 입수할 수 있습니다. 둘째는, '평판'에 관한 것입니다. 정보화의 시대에 인터넷을 타고 세계에 퍼지는 평판은 기업들의 생명입니다. 평판이 나빠지면 살아남기 어렵습니다. 따라서 거래관계에서 배신을 하게 되면 기업의 생명이 위협받습니다.

그러나 비밀주의 전통에 타성이 박힌 많은 사람들은 오늘에도 "비밀 축에도 못 드는 비밀"을 거래 상대방이나 회사 직원들에게 쉬쉬하곤 합니다. 협상이나 외교에서도 그렇습니다. 우리 투자회사의 파견직원들이 현지직원들 모르게 쑥닥대는 것도 이러한 비밀주의의 발로입니다. 비밀주의는 상대방의 불신을 살 뿐입니다. 그러면 상대방도 나를 불신하고 자신들이 아는 정보를 나에게 말해 주지 않을 것입니다. 그러면 결국 소통이 이루어지지 않고 원활한 인간관계가 저해됩니다. 사실 인터넷 시대에 비밀은 거의 없습니다. 비밀을 지키는 것보다 비밀을 널리 공유하는 것이 사업의 성공에 도움이 되는 시대가 왔습니다.

4 현지국에 대한 존경과 애정

가. 우월의식과 현지 존경

우월의식과 주재국(현지인)에 대한 경멸은 현지투자를 파탄으로 몰고 갈 수 있는 치명적인 복병입니다. 이러한 사고방식은 특히 개도국에 주재하는 우리 투자기업의 간부들에게서 자주 찾아볼 수 있는 악습입니다. 이들은 자신들이 주재하는 나라의 후진성이나 무질서, 현지인들의 나태함에 대해 흉을 보거나 욕을 합니다. 말끝마다 자신이 돈을 벌고 있는 나라(투자대상국)를 욕하고 그 나라가 얼마나 한심한 나라인지를 시간만 나면 떠벌리는 사람들까지 있습니다. 이러한 우월의식의 폐해는 심각합니다. 투자기업에 위기가 닥쳤을 때, 우월의식을 기분 나빠하던 현지인들은 모두 다 적이 된다고 생각하면 됩니다. 관리든, 커뮤니티 주민이든, 근로자든, 거래관계에 있는 비즈니스맨이든 마찬가지입니다. 즉, 적지에서 적들로 둘러싸이는 곤경에 처하게 됩니다.

우월의식에 사로잡혀 있는 사람들은 투자기업의 간부로서의 자격이 없다고 봅니다. 이러한 사고방식을 가진 관리자가 있다면 교체문제까지도 심각히 고려해야 합니다. 아무리 기술이 있어도, 현지어를 잘 해도 소용이 없습니다. 우선 본사에서 현지인을 욕하고 험담하는 투자업체 간부직원들에게 경고를 하고, 거듭된 경고에도 불구하고 듣지 않으면 본국으로 소환해야 합니다. 그래야 귀중한 해외투자를 분쟁과 파탄으로 몰고 가는 최악의 사태를 예방할 수 있습니다. 또한 어떤 투자기업이 유난히 분쟁에 연루되는 경우가 많다면, 그 기업의 현지 매니저가 우월의식에 빠져 있지 않은지 살펴볼 필요가 있다고 봅니다.

우월의식은 어디에나 있습니다. 동서고금을 막론하고 자신이 남들보다 우월하다는 생각에서 사는 보람을 느끼는 사람들이 있게 마련입니다. 그러나 우리 한국인은 우월과 콤플렉스에 대한 의식이 특별히 강한 편입니다. 특히 해외(개도국)에서는 현지인들의 수준, 행동, 문화 및 사회제도를 본국과 비교하고 또 본국의 가치기준에 비추어 판단하기 때문에 우월의식이 발동할 소지가 더 큽니다. 특히 개발도상국들은 이러한 우월의식의 표적이 되기 쉽습니다. 부지런한 한국인과 비교하여 현지인들을 '게으른 사람들' 이라고 경멸합니다. 현지국의 행정이나 사회제도가 낙후되고 범죄가 만연되어 있다 하여 현지국을 '한심한 나라' 로 매도합니다.

사실 선진국의 경우에도 '한심한' 측면은 있습니다. 무기 소지가 허용되고 흉악범죄가 많은 미국은 잡범이 많은 개도국들보다 더 위험할 수 있습니다. 프랑스인들은 게으르다는 말을 듣습니다. 일본은 소득은 많지만 주택환경이 열악하며, 경직된 사회구조에 비추어 과연 일본인들이 개도국 사람들보다 행복한 지도 의문입니다(이는 한국인의 경우도 마찬가지입니다). 그런데도 우리는 선진국(인)을 한심하다고 매도하지는 않습니다.

이러한 우리의 이중적 태도는 전형적인 '식민지 심리'에서 비롯된 것으로 보입니다. 강자에 약하고 약자에 강한 비겁한 '종속의 심리'입니다. 일제시대에 일본인에게는 꼼짝 못하고 조선인들은 깔아뭉개던 조선인 순사의 심리와 동일한 것입니다. 우리가 일제시대를 겪는 동안에 강자에게는 약하고 약자에게는 우월감을 느끼는 사고방식이 몸에 밴 탓인지도 모릅니다. 당시에 일본인들은 조선인들의 한심함에 대해 경멸조로 이야기했을 것으로 생각됩니다. 해방 후에 미국인들도 우리의 후진성을 경멸했을 것입니다. 우리가 '코리안 타임'에서 벗어난 것이 얼마나 됩니까? 그러한 우리가 개도국 사람들이 게으르다거나 시간을 지키지 않는다고 욕을 할 자격이 있겠습니까? 현지인들이 주인인 나라에서 현지인들을 경멸하고 무시하면서 비즈니스를 할 수 있겠습니까?

사례 **욕으로 배우는 한국어**

1980년대 중동 건설경기가 한창이었던 때의 이야기이다. 사우디의 우리 업체현장에 대사관에서 출장을 가면 대개 동남아 출신 근로자들이 심부름을 하곤 했다. 이들 제3국 근로자들이 한국말을 배워서 말을 거는데, 하는 말마다 욕이 아니면 반말이었다. "……새끼" 등은 보통이었다. 어떻게 그런 말을 배웠느냐고 물은 데 대해 우리 업체 간부는 "우리 근로자들이 제3국 근로자를 부를 때 욕만 쓰기 때문입니다"라고 답했다. 습관화된 욕설은 제3국 근로자에 대한 다른 대우가 어떤 것이었는지를 짐작하게 하는 것이었다. 이들은 타향에 나와 있어 저항할 힘이 없었겠지만, 만약 우리 투자기업이 현지국에서 이와 같은 현지인 경멸을 한다면 어떻게 되겠는가?

물론 우월의식을 대놓고 표현하는 사람은 많지 않습니다. 우월의식을 갖고 있는 투자기업 간부들이 최소한 현지인들에게는 말하지 않는다고 변명할지 모릅니다. 그러나 경멸하는 마음은 말투, 태도, 행동을 통하여, 그리고 경멸하는 눈짓을 통하여 은연중에 표출됩니다. 현지인 직원을 부르는 말투, 현지인 직원에게 사소한 일로 핀잔을 주는 것, 현지국과 자신의 본국을 노상 비교하는 것, 나아가 현지국이나 현지인의 '한심한' 측면을 대놓고 비난하는 것 등이 그것입니다. 또 개인적으로는 이른바 "잘난 척"하는 것이 포함됩니다. 자신의 지식이나 경험, 자신이 얼마나 똑똑한지를 자랑스럽게 이야기하는 것도 우월의식의 표현입니다. 현지인들은 드러내놓고 말은 안 하지만 우월주의에 대해 분개감을 숨기고 있게 마련입니다.

우월의식을 초래하는 저변의 원인은 "비교하는 악습" 입니다. 물론 모든 사람들이 비교를 합니다. 그러나 특히 우리 한국인은 병적으로 비교를 좋아합니다. 학벌을 비교하고 지위를 비교합니다. 친구의 아파트가 내 아파트보다 얼마나 큰지, 이웃집 자동차가 내 자동차보다 얼마나 고급인지 등등 매사를 남들과 비교하면서 자신이 열등한 것에 대해 불행스럽게 생각합니다. 개도국에 가면 제반 시설이나 제도가 본국보다 열등z합니다. 그래서 한국인들은 현지국이나 현지인들을 매도하면서 우월감과 사는 재미를 느끼는 것일지 모릅니다.

비교는 악습입니다. 우월의식은 적(敵)을 만들 뿐 어떤 일에도 도움이 되지 않습니다. 반면에 겸손한 것은 친구를 만들고 상대방의 호감을 삽니다. 특히 자신보다 지위나 지식이 떨어지는 사림들에게 겸손하게 대하는 것은 상대방을 행복하게 해 줍니다. 세계화 시대의 비즈니스에 있어 가장 중요한 것은 좋은 관계를 만드는 것, 즉 '네트워킹(networking)' 입니다. 그런데 우월주의는 이러한 네트워킹을 저해하는 걸림돌이 될 수 있습니다.

나. 주재국 사랑

진심으로 자기가 주재하는 현지국을 자기 모국처럼 사랑할 수 있다면, 그 나라에서 친구를 만들고 인간관계를 구축하는 데에 전혀 문제가 없을 것입니다. 진심으로 그 나라를 자신의 '제2의 조국'이라고 생각한다면, 현지인들도 그러한 마음을 오감으로 느낄 것입니다. 따라서 현지국 및 현지인들에 대한 사랑은 가장 이상적인 관계구축의 방법이라 할 수 있습니다. 가장 근본적인 것은 진심으로 그 나라를 사랑하도록 노력하는 것입니다. 어려운 문제는 과연 어떻게 하면 현지국을 사랑하게 되느냐 입니다. 물론 이에 대해 모든 나라에 적용될 수 있는 공식은 없지만, 한 가지는 분명합니다. 그것은 현지국의 좋은 점을 찾으며 노력하고, 나쁜 점에 대해서는 현지인들이 나쁜 점에 습관화하게 된 역사적·사회경제적 이유를 이해하려고 노력하는 것입니다. 왜냐하면 현지인들이 게으르거나, 거짓말을 잘 하거나, 치안이 불안한 이면에는 이유가 있기 때문입니다. 현지국을 오늘의 한국과 비교하려 하지 말고 1950-60년대의 한국, 즉 우리가 가난했던 시절과 비교해 보는 것도 좋을 것입니다. 나아가 현지에서 일어나는 일을 우리의 시각에서 보지 말고 현지인들이 보는 시각으로 보는 것도 좋을 것입니다.

그러면 불결하고, 무질서하고, 게으르며, 시간을 지키지 않는 후진국에서 어떻게 진심으로 주재국을 사랑할 수 있을까요? 실은 한국도 해방 직후에는 이러한 후진성 모두에 해당되었습니다.

"코리안 타임"의 주인공이던 한국인이 경제발전과 더불어 시간관념이 나아지게 되었고 오늘에 와서는 오히려 중남미 등 시간관념이 적은 나라에서 약속시간을 지키지 않는 상대방에 대해 화를 내면서 후진성 운운하기에 이른 것입니다. 그러나 우리의 올챙이 시절을 생각하면 이런 문제에 대해 핏대를 세울 일이 아닙니다. 후진성에 따른 불편함에 초점을 맞추어 투덜댈 것이 아니라 후진성 덕분에 편리한 점, 예컨대 물가와 인건비가 싸고 자신이 한국에서보다 훨씬 상류층으로 대접받는다는 점 등에 초점을 맞추면 후진성의 불편은 대단한 것이 아닙니다.

어느 나라나 애정 어린 눈으로 보면 좋은 점이 있습니다. 개도국의 경우 건물, 설비, 물자 등 이른바 하드웨어는 부족하지만 사람들의 품성이 좋은 경우가 많습니다. 예를 들면, "순박하고 인정이 있다"든가, "선량하고 꾸밈이 없다"든가, "부지런하고 정직하다"는 경우가 그것입니다. 그 나라의 좋은 점에 착안하고 그 나라의 '사람들'이 마음에 들게 되면 진심으로 그 나라를 사랑하게 됩니다. 그래서 그 나라를 "제 2 의 조국"으로 삼고 현지인들과 활발한 인간관계를 맺는 것이 주재국 사랑의 이상적인 케이스라 할 수 있습니다.

궁핍한 개발도상국 중에는 먹고 살기 위하여 좀도둑이나 소매치기 등이 많은 나라가 있습니다. 그러면 한국인들은 이를 현지인들이 못돼 먹었다는 증좌로 받아들이고 이에 의해 현지인들의 품성을 판단하기도 합니다. 선진국에서는 강력범죄가 빈발해도 이것을 선진국 사람들의 품성과 연계시키지 않으면서 유독 개도국에 대해서는 국민성과 연계를 시키곤 합니다. 그러나 이러한 좀도둑이나 소매치기가 생계를 위한 것이라면, "몇 십 년 전만 해도 한국에서도 별것들을 다 훔쳐갔지" 하면서 너털웃음으로 흘려보내는 도량이 필요하다고 생각됩니다. 이런 식으로 주재국의 후진성을 우리와 비교하면서 너무 심각하지 않게 생각하면 주재국 사랑도 쉬워지고, 주재국에서의 생활도 풍족해질 수 있습니다.

현지인들과 가급적 자주 어울리고 자유로운 분위기에서 대화를 주고받는 것은 현지에 대한 애정을 증진시키는 데에 좋습니다. 현지 직원이나 근로자들과 식사도 자주 함께 하고, 놀이나 현지 직원들이 개최하는 비공식행사에도 자주 참석하는 것이 좋습니다. 결국 사랑과 이해는 교류 속에서 증진되기 때문입니다. 가급적 장기간 현지에서 근무하고자 한다는 의향을 본부에 밝혀두고, 스스로 현지화를 위한 노력을 게을리하지 않는 것도 현지국에 마음을 붙이는 데에 중요합니다.

현지국과 현지국 사람을 사랑하는 마음을 가지면 현지인들과의 인간관계는 술술 풀리게 마련입니다. 앞서 언급한 주재국 존경이 소극적인 것이라면, 여기에서 말하는 주재국 사랑은 적극적인 것입니다. 그러나 말로만 주재국이 "제2의 고향"이라고 떠벌리면서 실제로 현지인을 무시하는 태도를 보이거나, 현지인을 가까이 하지 않거나, 주재국을 전혀 여행해 보지 않았거나, 현지어를 배우려는 노력을 하지 않으면 당신은 현지인들에게 불신의 대상이 될 뿐입니다. 주재국 사랑은 진실된 것이 아니면 통하지 않습니다.

5 이문화에 대한 적응

이문화(異文化)에 적응하기 위해 사람들은 그 나라의 국별 가이드나 여행 가이드를 참고합니다. 이러한 가이드북을 통해 얻을 수 있는 단편적인 이문화 적응에 관한 지식은 여행자 등이 간편하게 참조하는 데에는 편리하지만, 정말로 심도 있게 이문화에 동화되는 데에는 부족합니다. 그러면 어떻게 하면 주재국의 이문화에 적응하고 주재국 사람처럼 생각할 수 있을까요? 이에 대한 답은 주재국 사람들과 자주 어울리면서 주재국 사람처럼 살아보는 것입니다. 앞서 말한 바와 같이 "주재국을 사랑"하고, 주재국에 대해 호기심을 가지며, 주재국인의 생활방식을 공유해 보는 것입니다. 보다 구체적으로는 아래와 같은 노력이 필요하다고 생각합니다.

가. 현지어를 배우자

현지어를 배우는 것은 현지 문화를 이해하고 이문화에

대한 동화를 위해 무엇보다 중요합니다. 이는 현지인들과 소통하고 교류하고 싶다는 의사의 표시이기도 합니다. 나아가 현지어를 배우려고 노력하는 것은 현지국에 대한 경의의 표시이기도 합니다. 이에 관해서는 "100단어 현지어 실력으로 대통령을 상대하다"는 사례에서도 언급한 바 있습니다.

앞서 II. 2. 나. "소통의 부족"에서 설명했듯이 현지어를 유창하게 하는 것이 중요한 것은 아닙니다. 중요한 것은 배우려는 자세와 열성입니다. 현지어 포켓사전을 들고 다니면서 모르는 표현이 나올 때마다 현지인에게 그 단어가 무엇인지 물어본다 해서 이를 귀찮아할 현지인은 없을 것입니다. 상대방이 한 말을 메모지에 써 달라고 해서 귀찮아할 현지인도 없을 겁니다. 오히려 이런 과정을 통해 친근감을 높이고 격의를 없에는 데 기여할 수 있습니다.

나. 음식을 공유하자

음식은 가장 중요한 생활문화입니다. 음식을 나누면서 대화도 하고 마음도 나눕니다. 음식은 아주 좋은 화제꺼리이기도 합니다. 그런데 외국에 주재하면서도 그 나라의 음식은 거의 먹지 않고 한국음식에 집착하는 투자기업의 매니저들이 많습니다. 이는 현지국의 문화를 공유할 기회, 현지국 사람들과 우정을 쌓을 기회를 스스로 박탈함을 의미합니다.

물론 외국의 토속음식들이 비위에 맞지 않거나, 위생적이 아닌 것처럼 보일 수 있습니다. 그러나 이런 현지음식들을 세계로 뻗는 한국인들에 대한 도전으로 생각하고, 또 현지사회에서 투자기업의 이미지를 높이는 데 기여한다고 생각하면 그깟 현지음식을 두려워할 필요는 없다고 생각합니다.

한국에서 외국의 대사(大使)가 한국인 친구들과 함께 설렁탕집에 가서 소주를 곁들여서 설렁탕을 먹는다고 가정해 보십시오. 한국 사람들이 좋아하지 않겠습니까? 너도 나도 친구를 삼고자 하지 않겠습니까? 어떤 한국음식을 좋아하느냐는 질문에 대해 "순대국, 육개장, 순두부, 매운탕, 된장찌개, 짜장면, 게장백반 ……" 등을 줄줄이 읊어댄다면 어떻겠습니까? 이는 이른바 의외성(surprise)의 발휘로서, 상대와 격의를 없애고 우의를 형성하는 유력한 외교와 비즈니스의 수단입니다.

외국에서도 마찬가지입니다. 어느 나라나 그 나라 사람들은 좋아하는데 외국인들은 기피하는 음식이 있습니다. 바로 그 음식을 먹어 보십시오. 나아가 현지인들을 그런 음식 먹는 자리에 초청해 보십시오. 돈도 별로 들지 않으면서 즐거운 분위기를 연출할 수 있을 것입니다. 외국인 기피 음식까지는 아니라도 우리 투자기업 지사장이 현지인들에게 현지 음식에 대한 조예를 넌지시 알리면서 현지음식을 함께 할 기회를 만든다면, 서로 담을 허물고 인간적으로 가까워질 수 있는 분위기 조성에 기여하지 않겠습니까? 그리고 어느 나라에서나 몇 번 먹어보면 입맛에 맞는 현지음식이 분명히 있게 마련입니다.

사 례 **필리핀의 발룻**

필리핀에 가면 "발룻(ballut)"이라는 음식이 있다. 말하자면 우리의 번데기처럼 필리핀 사람들이 애호하는 간식인데, 병아리로 부화하기 직전의 달걀을 물 속에서 통째로 삶은 것이다. 병아리의 모습이 거의 다 되어 있기 때문에 징그럽고, 맛도 정말 괴상하다. 처음에 발룻을 먹으면 한국사람 대부분이 구토를 하기 십상이다. 그런데 한국 투자업체의 장이 토하면서도 발룻을 먹고 필리핀 사람들에게 그 경험을 이야기하면 필리핀 사람들이 어떤 반응을 보일까? 아마도 필리핀 사람들은 무척 즐거워하면서 "당신은 이제 필리핀 사람이 다 되었습니다"라고 말할 것입니다.

사 례 **100단어 현지어 실력으로 대통령을 상대하다**

중동국가 등에서 아랍인들의 초청을 받아서 그들의 집을 방문하면, 대개 양을 잡는다. 그런데 만찬이 시작되기 전에 초청한 아랍인의 족장이 따로 준비한 양의 골을 오른손으로 크게 한 줌 잡아서 손님들 중 대표격인 남자에게 건네준다. 이 양의 생골은 최고의 빈객에게 주는 전식(appetizer)이라고 할 수 있다. 이러한 상황에서 한국측의 대표격인 투자기업 지사장이 얼굴을 찡그리거나, 극구 사양하거나 또는 왼 손을 내밀거나 하면 엄청난 실례가 된다. 기꺼이 오른손으로 받아서 먹고 바로 족장에게 한 줌을 권할 수 있어야 한다(사실 양골은 맛이 나쁘지 않다).

다. 친구를 만들자

세계 어디를 가나 선동꾼, 협잡꾼, 사기꾼 등이 있게 마련이며, 따라서 투자기업이 분쟁이나 사건에 말려드는 것은 불가피합니다. 문제는 이런 사건들이 더 이상 비화하지 않게 마무리짓는 데 있습니다. 이러한 분쟁의 마무리에 중요한 것은 마음을 터놓고 이야기할 수 있는 현지인 '친구'의 존재입니다. 여기에서 '친구'란 영업상의 파트너일 수도 있고, 정부의 관리일 수도 있고, 지역 커뮤니티 사람일 수도 있으며, 회사의 고용원일 수도 있습니다. 이들이 투자기업에 대해 좋은 여론을 형성해 준다면 어지간한 분쟁은 어렵지 않게 해결될 수 있겠지만, 이들이 투자기업에 대해 나쁜 소문을 퍼뜨린다면 분쟁은 계속 악화될 수 있습니다.

그런데 대부분의 한국인들은 현지에 나가 있는 한국인들과의 결속은 강하지만, 현지인들과는 널리 사교하거나 인간관계를 맺지 못하는 경우가 많습니다. 즉, 어려움에 처했을 때 도움을 청할 수 있는 현지인 친구가 별로 없습니다. 그 원인에는 물론 언어·문화적 장벽이 있겠지만 적극적인 소통노력에 의하여 이를 극복할 수 있음은 앞서 말한 바 있습니다. 외국인, 특히 동양인은 낯선 존재이기도 하지만 호기심의 대상이 되므로, 현지인 친구가 자신의 친구, 동료, 친지들에게 소개하여 폭넓은 인간관계를 형성하는 데 도움을 줄 수 있습니다.

인간관계를 확대하고 친구를 만들려면 어떻게 해야 될까요? 친구를 만들기 위한 첫 번째 방법은, "마음을 여는 것"입니다. 마음을 열고 닫는 것은 항상 상호적입니다. 상대가 현지인 또는 낯선 사람이라 하여 내가 마음을 닫고 상대방을 의심하면 상대방도 나에게 마음을 닫고 나를 의심합니다. 친구를 만들기 위한 두 번째 방법은, "상대를 배려하는 것"입니다. 내가 아닌 상대방의 입장에 서서 상대의 입장을 배려하는 것입니다. 베려를 함에 있어 중요한 것은 '작은 것'에 대한 배려입니다. 직원이나 고객이 새 옷을 입었다든가 헤어스타일을 바꾸었을 때 이를 알아보고 한 마디 찬사를 보낼 수 있어야 합니다. 외국에서는 생일이 매우 중요합니다. 따라서 현지인 직원들이나 주요 고객들의 생일을 메모해 두었다가 간단한 선물을 주는 것 등도 중요합니다. 우리는 경조사가 있을 때, 꽃집에 '얼마짜리' 화환을 주문하곤 합니다. 무슨 꽃인지는 관심이 없습니다. 그러나 그것이 친구에 대한 선물이라면 단가를 매긴 형식적 선물이 아니라 꽃을 직접 고르고 꽃말에도 신경을 쓰는 정성이 필요합니다.

현지인들과 격식없이 어울리는 기회를 빈번히 만드는 것도 중요합니다. 우리 한국인들끼리는 대포집에서의 술자리 등 비공식 회합의 기회를 많이 만들지만 외국인들과의 회합은 격식을 차린 딱딱한 자리로 만드는 경향이 있습니다. 그러나 이러한 공식적 회합은 허물없는 친구관계로 발전하기 어렵습니다. 현지인 친구들이 어울리는 방식으로 어울릴 수 있도록 노력해야 합니다. 매번 공식적인 만찬 초청만 할 것이 아니라 상대방의 취향 등에 비추어 특이한 술집 등으로 초청할 줄도 알아야 합니다.

라. 현지 이름을 만들자

한국 이름을 제대로 발음하는 외국인은 극히 드뭅니다. 그리고 이름(특히, first name)을 부르지 못하는 것은 사이를 서먹서먹하게 만드는 요인이 됩니다. 만약 그렇다면 우리 이름에 집착할 이유가 어디에 있습니까? 현지 이름을 짓고

명함에도 그 이름으로 표시하면 안 됩니까? 현지 이름을 짓는 것은 현지국에 대한 애정의 표시이기도 합니다.

현지 이름은 현지에서 흔하고 발음이 쉬우며 평범한 이름이 좋습니다. 예를 들면 스페인어 지역에서는 Jose(앞서 "100단어로 대통령과 대화" 사례의 주인공도 호세였지요), 러시아에서는 Ivan, 태국에서는 Somsak 등의 이름이 그것입니다. 외국투자가가 자신을 Jose라고 소개하고 Jose이름으로 된 명함을 수교하면 현지인들은 "Jose? 우리 아저씨도 Jose인데"라고 말하고, 다음번에 만날 때에는 이름을 기억하여 반갑게 부르게 될 것입니다. 뿐만 아니라 그는 주위 사람들에게도 "이 사람이 Jose씨야" 하면서 소개를 해 줄 것입니다. 나아가 이런 출발은 장차 그 현지인과 인간관계를 발전시켜 나가는 데에도 도움이 될 것입니다.

마. 현지국 내 여행을 자주 하자

주재국 각지를 널리 여행하는 것은 주재국을 알고 문화를 이해하는 데에 첩경입니다. 대부분의 나라에서 대도시들은 이미 서구화하여 전통적인 생활방식과 유리되어 있는 경우가 많으며, 주재국의 전통과 문화, 그리고 매력은 시골에서 찾을 수 있기 때문입니다.

이러한 여행은 휴가 등의 기회에도 할 수 있지만, 업무상 여행의 전후에도 할 수 있으며 회사에서는 이를 관대하게 허용·장려해야 한다고 생각합니다. 투자기업의 지사장이 이러한 여행을 통해 얻게 되는 현지 동화와 문화 학습은 사무실에서의 통상적 업무 이행보다 훨씬 가치가 있기 때문입니다. 휴가를 얻게 되면 무조건 선진국이나 본국에 가는 사람들이 있습니다. 그러나 이러한 선진국이나 본국은 나중에 언제라도 다시 갈 기회가 있습니다. 하지만 주재국을 값싸게 여행할 기회는 현지 투자기업에 근무하는 지금밖에 없습니다.

투자기업의 지사장이 주재국 내에서 이곳, 저곳에 가 보았다고 하는 것은 현지인들과 인간관계를 관리해 나가는 데 도움이 됩니다. 이는 상기 현지음식의 경우와 마찬가지입니다. 한국에서 외국 투자기업의 지사장이 "설악산, 내장산, 땅끝마을, 홍도, 울릉도, 부산, 춘천, 용평, 휴전선 등"을 가 보았다고 하는 것에 비추어 생각하면 됩니다.

바. 현지국의 역사를 읽자

주재국의 역사를 읽는 것도 주재국의 문화를 이해하는 데 중요합니다. 이러한 역사에 대한 이해를 바탕으로 현지인들과의 대화에 참여하고 보다 심도 있는 문화적 소통이 가능해집니다.

언어의 문제 때문에 역사서를 읽기 어렵다고 말하는 사람이 있을지 모릅니다. 그러나 대부분의 나라의 역사는 영어로 써진 것들이 다수 있게 마련입니다. 우선 상식선에서 참고할 만한 간략한 역사는 아래와 같은 여행 가이드북에서 쉽게 찾아볼 수 있습니다. 웹문서 형태로 되어 있는 것도 있습니다.

- World Travel Guide(웹)
- The World Factbook(책자)
- Lonely Planet(책자)

나아가 좀더 깊이가 있는 역사서가 필요하면, 영어로 간행된 책자들을 참고할 수 있습니다. 예컨대, Amazon.com의 사이트에 들어가 현지국의 국명만 입력하면 다수의 책자들이 떠오를 것입니다.

사. 현지국 특유의 오락, 운동에 참여하자

현지국 사람들이 즐기는 운동이나 오락에 참여하는 것

도 현지국에 대한 동화를 위한 유력한 수단이 됩니다. 스포츠는 그 자체로서 유력한 대중문화이기 때문입니다. 예컨대 과거 영연방지역에서는 크리켓을 하고, 중남미나 유럽지역에서는 축구를 하는 것 등이 그것입니다. 스포츠에 직접 참가하지는 못하더라도, 예컨대 그 나라 축구팀의 경기에도 가보고 그 팀의 성적에 관해서도 훤히 파악하고 있어 현지인들의 대화에 한몫 낄 수 있으면 됩니다.

한국인들은 '함께 하는 놀이' 또는 접대를 위한 놀이라고 하면 우선 골프를 연상합니다. 그러나 골프는 영미지역과 동남아 일부지역을 제외하고는 대중적으로 인기 있는 운동이라 할 수 없습니다. 따라서 우리 투자기업 간부들이 골프에 불균형적으로 탐닉하는 것은 바람직한 것이라고는 할 수 없습니다. 현지인들을 접대하고자 한다면, 예컨대 배를 빌려서 함께 바다낚시를 하는 것도 방법입니다. 오랜 시간 동안 배를 타면서 잡아 올린 생선으로 회를 떠서 이것을 안주로 장시간 술을 마시면서 온갖 대화를 나눌 수 있기 때문입니다. 물론 회를 먹지 않는 외국인을 위해서 김밥이나 기타 간이식을 준비하는 것도 잊지 말아야 합니다.

과격한 운동이 어렵다면, 현지인들이 즐기는 오락에 참가하는 것도 방법입니다. 예를 들면, 세계 곳곳에서 즐기는 빙고나 스페인의 투우 등이 그것입니다. 나아가 중국의 마작, 필리핀의 투계(鬪鷄), 아프가니스탄의 야생조(kawk)싸움 등 도박성이 있는 오락도 거기에 탐닉하지 않을 자신이 있으면 경험삼아 몇 번 가보는 것도 좋을 것입니다.

아. 재래시장에 자주 가자

인류 역사를 통하여 시장은 생활 속의 문화가 적나라하게 표현되는 장소였습니다. 나아가 음식문화나 놀이문화 등이 전시되는 공간이기도 했습니다. 따라서 주재국의 재래식 시장을 방문하는 것은 주재국의 살아 있는 문화를 접할 수 있는 좋은 기회가 됩니다. 또한 천편일률적인 슈퍼마켓식 시장에서 벗어나 가끔씩 재래식 시장을 방문해 보는 것은 그 자체로 흥미롭고 호기심을 충족시키는 것이기도 합니다. 재래시장 방문이 현지인들과의 대화에서 좋은 화제를 제공해 주는 것은 물론입니다.

자. 파티나 문화행사에 자주 참석하자

기회가 닿는 대로 현지인들의 각종 잔치(party)에 자주 참석하는 것이 좋습니다. 현지문화에 익숙해지면서 친구도 사귈 수 있는 기회를 제공해 주기 때문입니다. 인근 커뮤니티 등에서 개최하는 각종 행사나 잔치(festival)들에 시간이 나는 대로 참석하는 것은 현지인들의 사는 방식을 이해하고 현지인들과 유대를 강화하는 데에 좋습니다. 특히 캐주얼한 분위기에서 개최되는 잔치에서는 격식에서 해방되어 서로 마음을 열고 소통할 수 있습니다. 특히 투자기업 직원의 경조사에도 가급적 참석하는 것이 좋습니다.

차. 현지의 노래와 춤을 배우자

현지의 춤을 배우는 것도 문화적 동화에 좋습니다. 춤은 대표적인 토속문화이며, 즐거운 오락도 됩니다. 우선 춤을 배우는 과정에서 현지국 사람들과 어울릴 수 있습니다. 파티 등에서 춤을 실습할 기회가 주어지면 망설임 없이 한몫 끼어야 합니다. 이는 현지인들과의 거리감을 좁히는 데 특효입니다. 현지어의 경우와 마찬가지로, 춤을 '잘' 출 필요는 없습니다. 춤을 못 추는 데도 열심히 노력하는 모습을 보여주면 춤을 '잘' 추는 것보다 낫습니다.

현지국에서 주최하는 리셉션 등에 가면 그 나라의 국가를 부릅니다. 우리 한국인들은 멀뚱하게 서서 시간이 지나가길 기다립니다. 그런데 한국인 한 명이 주머니에서 현지 국가의 가사를 적은 메모를 꺼내서 애를 쓰면서 국가를 따라 부르려 한다면 어떻겠습니까? 현지인들의 관심이 쏠리겠지요? 이것은 현지국에 대한 존경의 표시이기도 합니다.

이 메모지 작성의 요령은 간단합니다. 현지국의 국가와 대표적인 유행가 몇 개를 손바닥만한 메모지 앞뒤에 적고 이를 래미네이트 시켜서 호주머니에 넣고 다니다가 계제가 있을 때마다 연습하는 것입니다. 국가뿐 아니라 친구들과 함께 가라오케에 갈 때에 대비하여 유행가 가사도 몇 개 준비합니다. 가라오케가 세계적으로 보급된 오늘날 현지국의 가라오케에서 현지인 친구들과 함께 현지 노래를 한두 곡 하는 것은 현지인들과의 우정을 쌓는 좋은 방법입니다.

III 해외진출에 대한 사전 준비

코스를 알면 스코어가 보인다.
우리는 골프장을 갈 때 비교적 쉽게 찾아간다.
막히면 다른 길을 택해서 가기 때문이다.
때로 다른 사람이 잘 알지 못하는 지름길을
찾아가기도 한다.
길을 잘 알기 때문이다.

-문화일보, “골프코스 공략법(프로의 준비성을 배우자)” 중에서-

1 면밀한 사전 점검의 중요성

이상에서는 현지에서 어떻게 처신해야 하는지에 대한 마음자세에 대해 살펴보았습니다. 이하에서는 해외진출을 위한 실무적인 준비에 관하여 간략히 살펴보고자 합니다.[1] 무역에 의한 해외진출은 대개 1회성의 거래에 그치는 반면, 투자진출은 장기간의 준비와 자금투여가 수반되므로 실무적 준비에 관한 본서의 서술은 투자를 중심으로 하겠습니다.

해외직접투자는 낯선 땅에 큰 자본을 투하하는 것과 같습니다. 이 자본이 현지에 뿌리를 잘 내리면 높은 수익을 낼 수 있다는 것은 앞서 설명한 바와 같습니다. 그러나 해외투자는 국내투자와는 달리 투자환경이 우리나라와 다르며, 현지정보의 입수도 제한적일 수밖에 없습니다. 사업 자체의 리스크는 물론, 분쟁의 리스크도 국내보다 크며 실제

1) 본서 서문에 밝힌 것처럼 중소기업 해외진출과 관련된 실무적 문제는 다수의 서적에서 취급되고 있으며, 중소기업인들께서도 상당한 노하우를 쌓고 계시는 것으로 판단되어 이 문제에 관한 상세한 설명은 생략하겠으며, 체크리스트 수준의 설명에 그치려고 합니다.

투자과정에서 예측할 수 없었던 문제가 자주 발생합니다.

해외투자는 철수하는 것도 쉽지 않습니다. 투자를 진행하다 보면 크고 작은 문제가 발생하여 사업계획을 변경해야 하거나 일정이 지연되고 심지어는 계획을 취소해야 하는 경우가 있습니다. 그러나 일단 해외투자가 결정되고 실행단계에 접어들게 되면, 투자계획의 취소에 따른 손실은 막대합니다. 이미 투입된 비용은 물론 체결된 계약내용에 따른 의무를 부담해야 합니다.

따라서 투자실행 이전에 사전에 치밀한 계획을 세우고 면밀히 조사하는 것이 중요합니다. 준비 단계에서부터 매 단계별로 체크 리스트를 만들어 놓고 하나씩 하나씩 점검해 가면서 문제될 만한 소지가 없도록 신중히 진행해야 합니다. 즉 사전에 현지 시장조사를 철저히 하고 합작 파트너에 대한 정보를 최대한 확보하고 신용조사를 철저히 해야 합니다. 상담은 냉철한 자세로 철저하게 해야 하며 준비된 사업계획서를 갖고 거래에 임해야 합니다. 투자여건을 철저히 조사하여 확인해 두는 것은 해외투자에서 무엇보다 중요합니다. 이는 당연한 이야기 같지만 이러한 단계를 거치지 않거나 대충 넘어가는 기업들이 상당히 많고, 결국은 부실한 사전조사가 원인이 되어 분쟁에 휩싸이기 쉽습니다. 반면에 사전에 치밀한 조사를 통해 사업계획을 수립한 기업이라면 문제발생을 예방하거나 문제가 발생하더라도 조기에 해결책을 강구할 수 있습니다.

사 례 저돌적 한국 중소기업인의 실패

안경테 판매 사업으로 기반을 구축한 M기업 이야기다. 자수성가로 국내시장에서 탄탄한 기반을 마련한 P사장이 멕시코에 안경테 수출을 위해 현지를 방문하였더니 한국산 제품에 대한 현지 소비자들의 높은 신뢰도를 통하여 향후 자사제품에 대한 무한한 시장 가능성을 피부로 느낄 수 있었다. 이러한 멕시코시장에 대한 자신의 감각적인 첫 인상('감')에 근거, P사장은 해외시장 진출 사전에 꼭 점검하여야 할 현지 실사와 사업 타당성 평가 등을 시행치 않고 무조건 조기 진출에만 집중하였다. 구체적인 사업계획을 세우는 대신 '닥치면 뭐든지 할 수 있다'는 식의 한국식 비즈니스 방법만 내세웠다. 즉, 빨리 들어가면 시장을 선점할 수 있다고 호언장담하면서 즉흥적이고 구멍구구식으로 사업을 벌이겠다는 것이었다. P사장이 국내에서 성공한 것처럼 멕시코에서도 성공할 수 있다는 단순논리였다. 그러나 실전에 강하다는 식으로 밀어 붙이는 해외투자의 결과는 실패뿐이었다. P사장의 멕시코 투자업체는 투자 후 4년 만에 막대한 손해를 보고 철수하였다.

이 사례가 주는 교훈은 해외진출의 성공을 위해서는 우리의 냉정한 판단과 현지여건에 적합한 구체적인 사전 사업계획 수립이 절실히 요구된다는 점입니다. 해외 진출의 성공에는 해외 사업에 대한 열정과 저돌적인 추진력만으로는 충분치 않고 반드시 체계적이고 합리적인 점검 절차를 거쳐야 합니다. 즉, 철저한 사전 정보수집과 전문적이고 세밀한 사업타당성 검토가 수반되어야만 향후에 발생할 수 있는 여러 가지 분쟁 요인을 사전에 예방·통제할 수 있다는 것입니다.

무역에서는 신속한 결단이 중요한 경우가 많습니다. 그러나 해외투자는 신속한 결정보다는 신중한 결정이 중요한 경우가 많습니다. 빨리빨리는 투자결정에 관한 한 금물입니다. 예컨대 1-2년의 기간 동안 면밀한 사전조사를 하는 것이 좋습니다. 이러한 장기계획의 일환으로 우선 투자기업의 장(지사장 또는 현지 기업 사장)을 미리 내정하고 그 내정자가 주축이 되어 투자환경 조사(필요시 현지 출장), 사업타당성 검토, 현지인들과의 인간관계 구축 등을 수행케 하는 것도 방법입니다. 자신이 운영할 투자기업의 설립에 대한 준비를 자신이 책임을 지고 수행케 하고, 동시에 현지 사정에도 익숙하게 할 수 있기 때문입니다.[2)]

---

2) 투자 및 해외기업 환경 등에 관한 부분은 최용묵 저, 「해외투자론」(2000, 박영사); 이재기 저, 「신국제투자 환경론」(2008, 형지사)과 무역투자진흥공사의 「무역투자 및 해외진출 통상 정보」 등을 참조했음을 밝힙니다.

2 3단계 투자 사전 점검

해외투자를 결정하기에 앞서 기업들은 〈투자정보 조사, 사업타당성 분석, 사업계획 수립〉의 3단계 사전 점검을 거치는 것이 보통입니다. 해외투자에 대한 경험이 많은 기업도 이러한 절차를 통하여 투자를 결정합니다. 적게는 몇 번에서 많게는 수십 번에 달하는 점검과정을 거치게 됩니다. 그 만큼 해외투자에 많은 위험성이 수반된다는 것이고, 이러한 절차가 미래의 분쟁을 예방하는 데 핵심적이라는 것을 나타냅니다.

가. 투자정보 조사

해외투자의 개발단계에서 가장 먼저 할 것은 투자에 필요한 정보를 수집하는 일입니다. 그런데 해외투자에 필요한 정보를 입수할 수 있는 방법은 대부분 불확실하고, 설령 방법을 알더라도 정보입수가 쉽지 않은 경우가 빈번합니다.

정보입수의 지름길은 사실상 없지만, 우리는 1차적으로는 국내 및 현지의 투자유치 관련기관의 공개정보와 사례수집을 통하여 기본적인 투자정보를 입수할 수 있습니다. 아울러 기진출한 국내기업을 통해 현장의 생생한 정보를 입수하는 것은 매우 유익합니다.

그러나 정작 중요한 것은 '실사'에 의한 살아 있는 정보의 수집입니다. 투자를 계획하고 있는 회사의 간부직원이 현지를 직접 방문하여 시장을 눈으로 확인하면서 정보를 입수하는 것입니다. 특히 투자예정기업이 현지국의 내수를 염두에 두고 있다면 시장상황과 정보를 직접 입수하는 것이 중요합니다. 예컨대, 제조하려 하는 상품의 도소매 가격 시세, 유통망, 경쟁사 제품의 가격 및 품질, 자사가 생산을 개시했을 경우 유통망을 확보할 수 있겠는지 여부, 운송이나 항만 이용 등 물류 서비스 관계, 고객의 취향 등을 오랜 기간 현지에 체류하면서 면밀히 점검하는 것입니다. 이러한 방문을 활용, 관련업종 종사자나 고객과의 인터뷰 등을 통하여 폭넓은 인적관계를 확립하는 것도 중요합니다. 정확한 정보를 입수하기 위해 반복 체크가 필요하며 다양한 루트를 활용하여 정보와 견해를 객관적으로 비교하는 것도 필요합니다. 이와 관련하여, 보다 정확한 정보의 수집이 필요하다고 판단되는 분야가 있으면, 전문정보수집기관에 의한 전문가 상담 서비스를 이용할 수도 있습니다.

해외투자에 필요한 정보를 입수하는 일반적인 방법을 정리해 보면 다음과 같습니다.

1) 투자 대상국 정부(투자청), 투자유치기관, 주한대사관 등의 공개정보
2) 외교통상부, KOTRA, 무역협회, 중소기업진흥공단, 현지주재 한국대사관 등의 공개정보
3) 국제적인 전문투자정보조사기관, 현지 투자정보전문기관 등을 활용한 정보수집
4) 국내외 공공기관이 주최하는 국가별 투자설명회
5) 현지에 기진출한 우리 업체로부터의 투자정보 조사, 동포 경제인, 변호사 등과의 기업투자 환경 상담
6) 투자 준비요원의 현지 출장에 의한 현장 정보입수 등

오늘날 해외투자 정보조사는 보통「투자환경, 생산부문, 판매부문, 일반 환경」등 4분야를 중심으로 이루어지고 있습니다. 즉, 투자예정국의 경제전망, 투자정책, 투자절차와 같은 일반적인 투자환경, 제조, 물류, 부품, 금융 등의 생산부문 환경, 제품, 가격, 유통 등의 판매부문 정보 그리고 국가현황, 문화, 상관습 등의 일반 환경에 대한 전반적인 사전조사는 미래의 투자 위험을 감소시키는 매우 중요한 변수 역할을 하고 있습니다.

이러한 정보수집 단계를 거쳐, 우리는 투자대상 사업을

선정하고, 투자의 규모, 투자지역, 투자시기, 투자의 형태 등에 관한 기초적인 결정을 행하게 됩니다.

나. 사업타당성 분석

해외투자 진출을 위한 기본방향과 투자규모 및 사업분야 등 투자의 전체적인 구도가 개략적으로 결정되면, 투자환경과 기업내부여건의 면밀한 분석을 통하여 사업 투자타당성을 검토하는 단계에 도달하게 됩니다. 사업 타당성 분석이란 투자와 관련된 모든 국내외 환경 변수를 종합적으로 평가하여 투자의 수익성, 안정성, 성장성 측면을 검토하는 한편, 이러한 해외투자를 성공적으로 수행하기 위해 필요한 조직과 인적 구성요건을 동시에 점검하는 것입니다.

사업타당성은 적정한 해외투자 기준을 수립하여 그 기준에 충족되는지를 평가하는 것이 좋습니다. 예를 들면 일정한 내부수익률, 투자회수기간, 부채비율 등을 정하여 비교해 보는 것입니다. 사업타당성 분석은 재원조달계획과 운영계획에 기초한 총괄적인 자금수지 분석이라고도 할 수 있습니다. 자금의 수입과 지출의 분석, 대비를 통해 장래의 예상수익을 추계해 보는 것입니다.

불확실성이 많은 해외투자에서 사업타당성 분석의 예상 능력은 크지 않은 편입니다. 그러나 다른 대안이 없기 때문에 사업타당성 분석은 차선책으로 반드시 거쳐야 하는 필수적인 절차로 간주되고 있습니다.

특히, 오늘날 규제완화와 시장개방으로 무한경쟁이 심화되고 있는 세계시장에서 해외투자에 대한 사업타당성 검토는 모든 기업의 기본적인 생존전략으로 인식되고 있습니다. 종래의 주먹구구식의 해외투자를 탈피하여 해외투자에 대한 전략적인 접근이야말로 우리의 해외투자에 대한 성공가능성을 높이는 길입니다.

다. 사업계획 수립

사업계획의 수립은 해외투자의 핵심사항입니다. 사업계획의 충실성 여부가 해외투자의 성패가 달려 있다고 해도 과언이 아닌 만큼 사업계획에 대한 체계적인 접근은 무엇보다도 중요합니다.

사업계획의 수립단계는 사업타당성 검토를 거쳐 어느 정도 투자에 대한 신뢰가 형성되면, 현재까지 분석한 대안들에 기초, 객관적인 관점에서 투자전략을 구체화해 나가는 단계입니다.

일반적으로 구체적인 투자전략을 종합적으로 체계화한 투자기본계획을 수립하고, 이를 기초로 하여 분야별 구체적 사업계획을 수립하게 됩니다. 사업계획의 수립에는 먼저 영업관련 세부사업계획과 이와 관련된 사항의 검토가 선행되어야 합니다. 제조업 투자시에는 「먼저 판로를 확보한 후, 투자를 결정하는 것」이 중요한 원칙입니다. 판로가 확보되지 않은 상태에서 투자하여 주문이 없어 공장가동을 하지 못하고 결국 경영이 악화되는 사례가 자주 발생하므로 이런 사태는 사전에 예방해야 합니다.

이러한 영업계획의 기초 위에 생산과 유통계획 등 세부계획을 체계적으로 분야별로 차근차근하게 수립해 나가는 것이 매우 중요합니다. 분야별 주요 세부사업계획의 예를 들면, 대지 및 건물 취득, 생산설비 시공, 인력 수급, 생산 및 원자재 조달 계획, 판매 계획 등이 있습니다.

3 해외투자시의 유의사항

해외투자는 국내투자와 비교하여 훨씬 복잡하고 다양한 투자 위험에 노출하게 됩니다. 해외투자는 크게 기업내부적인 투자전략변수는 물론 국가간 및 산업간 거시적인 투자환경의 차이, 나아가 환율, 금리변동 등에 기인한 특수위험까지 고려해야 한다는 점에서 국내투자보다는 월등이 복잡하고 다양한 시각에서 신중히 접근해야 합니다.

우리는 해외투자의 위험을 일반적으로 정치적인 위험, 투자유치국의 일반적인 정책변수에 의해 유발되는 정책적 위험, 환율변동으로 야기되는 외환관리 위험, 외국투자에 대한 차별적 조치에 기인한 진입장애 위험, 투자 유치국의 환경변화에 따른 현지동태적인 위험 등으로 분류해 볼 수 있습니다.

해외투자란 새로운 경제구조와 기업환경에 대한 적극적이고도 능동적인 참여를 의미합니다. 해외투자는 매우 어렵고 힘든 과제임에는 틀림없습니다. 그러나 이러한 해외진출에도 기본적인 원칙이 있으며 그러한 방향을 따라 나아갈 때, 어렵게만 느껴지던 해외진출이 가시적이고 구체적으로 체계화된 매뉴얼처럼 쉽게 우리에게 다가설 수 있습니다. 해외투자의 위험관리를 위한 몇 가지 기본적인 유의사항을 다음과 같이 정리해 봅니다.

가. 사업계획 수립이 해외투자의 핵심이다

사업계획의 중요성은 해외투자의 핵심적인 사항으로 결코 간과해서는 안 됩니다. 사업계획의 충실도와 구체성 여부에 따라 해외투자사업의 성패가 달려있기 때문입니다. 따라서 사업계획이 단순한 보고용이거나 현실적인 문제에 대한 충분한 고려 없이 작성되었을 경우, 해외투자 추진이 효율적으로 이루어지기 힘듭니다.

해외투자하면 우선 법인설립 및 공장건설 절차를 생각하는 기업이 의외로 많이 있습니다. 그러나 이러한 행정적인 절차는 투자가 결정되면 대행사 등을 통해 쉽게 처리할 수 있으므로, 먼저 투자를 위한 조사 및 사업계획 수립을 충실히 하여 올바른 투자결정이 이루어질 수 있도록 하는 것이 가장 중요합니다.

나. 먼저 시장을 확보한 후 투자하자

투자를 실행하기에 앞서 먼저 현지법인을 운영하고 공장을 가동할 수 있을 정도의 거래처는 기본적으로 확보되어야 합니다. 현지에 투자하면 물건을 사겠다는 현지 바이어의 말만 믿고 투자를 결정하는 경우가 많으나 이는 투자실패의 원인이 되기 쉽습니다. 판로개척과 투자를 병행하여 추진하는 등의 방법으로 판로를 우선 확보하고 판매 가능성을 확인한 후 투자해야 실패가 없습니다. 생산한 제품을 구매할 업체와 동반 진출할 시에도 동반업체에 전적으로 의존하기보다는 독자적으로 현지판매망을 개척하여 투자 리스크를 줄이는 것이 중요합니다.

다. 계약서 작성이 사업의 성패를 좌우한다

투자와 수반되는 계약(합작, 기술협력, 판매 등)은 가급적 변호사 등 전문가에게 자문을 받는 것이 좋습니다. 특히 기술정보 사용 및 판매의 독점권 부여 여부는 향후 현지에서 사업방향을 고려하여 신중히 결정해야 하고 혹시 발생할 수 있는 분쟁을 사전 예방하는 내용을 포함해야 하므로 전문가의 자문이 반드시 필요합니다. 또한 법률, 세무, 노무, 회계 등 전문가의 도움이 필요한 부분은 제대로 전문가의 도움을 받아야 합니다. 그리고 계약서 작성에는 신중을 기해야 합니다. 계약내용을 꼼꼼히 따져 보는 것은 기본입니다. 한두 차례 만난 후 충분한 검토도 없이 주먹구구식으로 대충 대충 계약을 서둘러 체결해서는 안 됩니다.

라. 현지법 준수는 투자의 기본이다

국가에는 법이 있습니다. 어느 국가든 외국회사가 진출하려면 당연히 그 국가의 법을 지켜야 합니다. 사실 성공을 위해서는 법뿐만 아니라 지켜야 할 많은 규칙과 관습도 있습니다. 이러한 진출국가의 법과 규정을 우리 기업은 종종 간과하거나 무시하는 경우가 많습니다. 이런 방법으로는 외국에서 성공을 기대키는 어렵습니다. 특히, 진출국가의 노동법, 세법, 기타 외국 투자기업 관련법을 어기면서 성공을 기대하는 것은 불가능합니다. 해외투자에 성공하고 글로벌 기업으로 성장하는 첫 걸음은 현지법의 준수에 있습니다. 진출국의 법을 준수하고 원칙을 지키는 정도(正道)경영을 하는 것이 중요합니다.

마. 현지문화와 환경과의 조화를 이루자

투자기업이 성공적으로 자리를 잡기 위해서는 한국과는 완전히 다른 현지의 문화를 배우고 현지 환경과의 조화를 이루려는 노력이 반드시 필요합니다. 이문화 적응의 중요성에 대하여는 II장 5항에서 상세내용을 설명한 바 있습니다.

바. 강력한 리더십을 갖춘 유능한 주재인력 파견이 관건이다

해외진출의 초기 단계가 해외투자의 성패를 좌우하는 결정적 시기입니다. 따라서 투자개시 단계부터 사업을 어느 정도 안정된 단계에 올려놓을 때까지는 중소기업의 사장 또는 사장에 버금가는 임원이 강력한 리더십으로 직접 관리·운영하는 것이 필요합니다.

또한 해외투자의 성패는 현지 주재인력의 역량에 크게 의존합니다. 다양한 현지 환경에서 주재업무를 능률적으로 수행하기 위해서는 조직관리에 탁월하고 업무와 어학 능력이 있는 사람을 파견하는 것이 매우 중요합니다. 해외사업 경험이 있거나 최소한 외국어로 업무수행이 가능한 인력을 채용해야 시행착오를 줄일 수 있습니다. 그리고 기업 내부적으로 이러한 적임자를 사전에 양성하는 노력이 중요한 것은 물론입니다.

사. 성공적인 투자에는 노무관리가 핵심이다

많은 한국의 해외투자 기업이 고전하는 부분이 노사관계 문제입니다. 이러한 분규는 대부분 노동문화의 차이에서 기인하는 것입니다. 현지문화를 이해하고 현지인들과의 인간관계 형성에 노력해야만 호혜적인 노사관계 구축이 가능하고 성공적인 투자의 지름길이 되는 것입니다. 직원들의 불만이 높으면 제품 불량률이 높아지고 결국 회사의 손실로 귀결됩니다. 인간의 존엄성에 바탕을 둔 노사관계 형성으로 투자기업은 더 큰 이익을 확보할 수 있습니다. 해외 현장경험에 기초한 전직 공관장의 '한국기업의 바람직한 노무관리'에 관한 의견을 다음에 싣습니다.

[한국기업의 노무관리]

노사분쟁은 우리 투자기업의 약점이 되는 경우가 자주 있다. 노사분쟁의 대부분은 노동문화의 차이에 기인한다. 한국기업인들은 현지인들이 회사에 대한 충성도가 약하고 책임감이 결여되어 있으며 잘못을 인정하지 않는다고 불평한다. 자기중심적 권리주장은 강하며 품질관리와 생산성에 대한 개념이 부족하다고 생각한다. 그런데 실은 한국 기업인들이 상명하복이 철저한 한국식 노동문화를 강요하고 있는 것일 뿐이다. 따라서 잘못은 "로마에서 로마식으로 하지 않는" 한국 기업인에게 있다.

한국 기업인이 자주 범하는 또 하나의 실수는 오만함이다. 특히 현지인들을 무시하는 경향은 중국, 베트남 등 체면을 중시하고 자존심이 강한 사람들의 강한 저항을 유발하기 쉽다. 과시(誇示), 무시(無視), 질시(嫉視)는 한국인의 3시라고 할 수 있는 한국인들의 병이다. 우리 중소기업은 바람직한 노무관리를 위해서는 아래 사항을 유의해야 한다.

1) 현지문화를 이해하고 현지인들을 대등한 인간으로, 그리고 마음으로 대해야 한다. 한국식으로 질책을 하거나 야단을 쳐서는 안 된다. 강압적인 방식으로 현지인들의 자존심을 상하게 하는 방법은 역효과를 초래할 뿐이다. 특히 고함을 지르거나 화를 내는 것, 이성을 잃고 공개적으로 심한 수치심을 주는 것은 금물이다.

2) 엄격한 회사내규를 제정하여 규정에 따른 관리를 하는 것이 좋다. 분쟁 발생소지를 사전에 방지하기 위해 근로자의 해고, 분쟁처리 조항 등을 치밀하게 작성해 놓으며 예상되는 문제점들을 면밀히 파악하여 노동계약서에 명시해 놓는다. 계약서의 유리한 해석을 위해 내용을 불분명하게 만들어 놓는 것은 역효과를 초래하기 쉽다. 분쟁처리 조항이 없으면 문제 발생시 오히려 발목이 잡히는 경우가 많고 불리한 계약을 체

결한 근로자들의 계약 갱신시 노사갈등을 겪게 된다. 잘못을 지적할 때는 확실한 근거를 대고 객관적인 규정을 통해 차분히 설득해야 한다.

3) 노동관련 규정을 잘 준수하고 분쟁 발생 소지를 사전에 방지해야 한다. 노동법을 회피하기보다는 준수하는 것이 장기적으로 더 이익이다. 노동자의 권익을 보장해 주는 것이 숙련 노동자의 이직을 방지하고 제품의 품질을 높이는 데 기여한다.

4) 한국인 관리자는 군림하지 말고 의사소통을 원활히 해야 한다. 이를 위해서는 우선 현지어를 어느 정도 구사할 수 있어야 한다. 조급한 실적달성을 위한 일방적인 목표달성 요구는 효과가 거의 없으므로 직원들 스스로 자발적으로 안을 내놓고 실행할 수 있는 환경을 만들어 준다. 일률적인 평등주의보다는 공헌도에 따라 성과급을 주는 것이 효율적이다.

5) 능력 있는 현지인을 발굴하여 중간관리자로 적절히 활용하는 것도 중요하다. 중간관리자에게는 권한과 책임을 대폭 부여하고 현장의 요구사항을 한국인 사장에게 전달하며 노동자들의 입장을 대변토록 하고 노동자들에 대하여는 한국인 사장의 입장을 대변하는 역할을 맡기는 것이 바람직하다.

4 주요 해외지역별 기업환경의 특성은 무엇인가

세계의 각 지역은 지역 나름대로 인종적·종교적·문화적·역사적 배경하에서 발전되어 왔고, 이러한 가운데 독특한 지역적 전통과 다른 지역과 차별되는 기업환경을 형성하고 있습니다. 우리가 해외진출에 있어서 진출하려는 지역의 지역적 특수성을 미리 이해하고 대비할 경우, 그 만큼 분쟁발생의 가능성을 줄이게 될 것입니다. 세계화시대에 우리 중소기업의 해외진출에 참고가 될 만한 세계 주요 지역의 특성을 정리해 보면 다음과 같습니다.

가. 개발도상국의 일반적인 기업 환경

■ 해외진출 기업들이 마찰과 분규를 당하는 경우는 선진국에서 보다 개도국에서 비즈니스를 할 때에 더 많습니다. 개도국들과 무역거래를 하거나 투자진출을 할 때 겪게 되는 애로사항들은 시장이 협소하다, 원자재가 구하기

어렵다, 교통 통신 인프라가 좋지 않다 하는 경제환경적 요인보다는 거래 상대자의 투명성 결여 또는 자기 자신의 부주의 등 경제 외적인 요인들에 기인하는 경우가 많다는 점입니다. 이러한 경제 외적인 문제들은 사전에 조심하고 치밀히 준비하면 피할 수 있는 것들입니다.

- 제일 큰 문제는 현지인들이 계약 준수성이 약하고 신뢰도가 낮다는 점입니다. 신용장을 열고도 계약을 취소하거나, 계약 후에도 가격을 깎아 달라고 합니다. 이런 요구가 받아들여지지 않으면 계약을 일방적으로 취소하는 경우도 있고 최악의 경우는 물건까지 받고도 대금을 지급하지 않는 경우도 있습니다.
- 현지인들의 문제 외에도 한국인 자신들이 법을 어기거나 편법으로 하려다 당하는 경우도 많습니다. 합작시 한국측은 주로 설비투자를 하고 현지인은 토지 제공이나 영업을 맡는데 시설 장비를 수입해 들여 올 때 관세를 낮추기 위해 허위신고를 하는 경우가 많습니다. 즉 신제품을 중고라고 신고하거나, 정상가격보다 훨씬 낮은 액수로 신고하거나, 다른 회사 명의로 신고하는 것 등이 그것입니다. 정상대로 신고하면 많은 관세를 물게 될 경우 쉽게 이런 유혹에 빠지게 됩니다.

사 례 **허위신고의 말로**

5억원대의 장비를 그 10분의 1인 5,000만원 가량으로 적게 신고하고 반입시켜 놨는데 현지 파트너가 이런저런 문제로 핑계를 대며 시간을 끌다가 결국 합자사업을 더 이상 진행시킬 수 없는 상태가 되는 경우가 있다. 물론 사업이 중단되면 장비는 되돌려 받도록 되어 있으나 장비를 다시 뜯어 가져오자니 절차도 복잡하고 비용도 만만치 않다. 허위로 세관에 신고한 약점이 있고 소송을 하더라도 신고된 5,000만원 어치만 돌려준다는 식으로 나올 것이므로 어디 하소연할 수도 없다.

나. 중 국

중국은 개혁·개방 이후 연평균 10% 내외의 고속성장을 거듭해 이젠 미국을 위협하는 경제 대국이 되었다. 중국은 이미 세계 경제의 새로운 성장엔진으로 부상했다. GDP규모에서 세계 3위에 오른 것은 물론 세계 최대의 외환 보유국이 되었다. 2007년 현재 중국의 GDP에서 수출이 차지하는 비중은 40%, 소비는 30% 내외이다. 중국이 더 발전해 국내 소비의 비중이 50%를 넘어서면 대외 수출 부문 의존도가 감축되고 명실상부한 세계 경제 대국으로 부상할 것이다. 한국의 최대 교역 상대국은 중국으로 변한지 오래이다. 다가오는 팩스시니카 시대에 대비하여 중국에서의 기업환경과 문화특성의 이해는 우리 중소기업의 필수 과제이다.

- 중국인은 넓은 국토로 인한 대륙적인 기질에서 발단, 생각하는 스케일이 크고 과장이 심한 편입니다. 행동에 여유가 있고 의사표현이 완곡하고 'NO' 라는 의사표시를 잘 하지 않습니다.
- 지연, 학연 등 각종 이해관계에 얽힌 관시(關係)가 매우 중요시되는 사회입니다. 그러나 관시가 모든 것을 해결해 주지는 않습니다. 관시가 중요하지만 금전적 이해관계가 걸리면 돌변합니다. 무엇보다도 중국에서는 중국법을 따르고 원칙을 지키는 것이 중요합니다. 공산당, 군 및 공안당국의 권력이 막강한 중국에서 탈세 등 부정직한 비즈니스는 회사뿐 아니라 개인에게도 재앙을 초래할 수 있습니다.
- 중국인은 중화사상으로 무장되어 있습니다. 중국 1등에 대한 자존심이 강합니다. 중국사회에서 중국인을 얕보는 습성은 사업의 독입니다. 중국에서 고개를 쳐든 자는 사업에 성공하기 힘듭니다.
- 중국인은 실리적입니다. 오랜 중화사상으로 문화적인 자존심이 매우 강하고 명분을 중시하면서도 한국인들보다 이성적이고 합리적인 성격을 가졌습니다. 중국 근로자들은 처우가 나쁘거나 한 푼이라도 더 주는 회사가 있으면 뒤를 돌아보지 않고 떠납니다. 현지문화에 맞는 관리체계를 수립해야 합니다. 한국식 경영방식은 통하지 않습니다.
- 중국인들이 가장 중시하는 것이 체면입니다. 파트너 체

면을 구기는 것은 금기 사항입니다. 상대방의 약점을 공개적으로 말하면 안 됩니다.

- 계약서를 철저하게 작성해야 합니다. 대부분의 중국인은 계산에 치밀합니다. 시장에서 과일이나 채소를 판매할 때 한국과는 달리 개수나 다발로 판매치 않고 저울에 달아 무게로 가격을 정합니다. 중국은 사회주의 국가이지만 비즈니스에서만은 자본주의보다 더한 자본주의로 무장되어 있습니다. 문서로 작성하기 전에는 절대 믿지 않아야 합니다.
- 중국의 내수시장에 주목할 필요가 있습니다. 중국은 지난 30여 년간의 고속성장 가운데서 내수시장의 규모가 엄청나게 커졌습니다. 소득의 향상에 따라 소비수준의 고도화와 세분화 그리고 소비수요의 지역적 확대와 다양화가 일반적인 대세입니다. 즉, 소비패턴이 급속히 변화하고 있습니다.
- 중국경제의 최대의 주역은 정부와 관료입니다. 지난 30년간의 개혁·개방기에 중국경제의 성장은 사실상 중국정부, 그 중에서도 지방정부가 주도해 왔다고 해도 과언이 아닙니다.
- 중국은 사회주의 국가입니다. 사회주의 국가에서는 기업의 사회적인 책임이 강조됩니다. 사회에 대한 봉사, 대중에 대한 봉사가 기업 브랜드 평판에 엄청난 영향을 줍니다. 환경문제가 해결되지 않으면 퇴출됩니다.

- 중국은 고임금 국가입니다. 종래에 저임금을 활용한 제조업 진출 방법은 더 이상 통하지 않습니다. 단순한 저원가로 중국시장을 접근하던 시대는 지나갔습니다. 생산성 향상을 통한 경쟁력 확보만이 해답입니다. 시설투자 없이 많은 인력을 고용해 경쟁력을 확보하려고 한 많은 한국기업이 '야반도주'로 끝나고 있다는 점을 마음에 새겨야 하겠습니다.
- 중국어 구사는 기본입니다. 통역에만 의존하는 것은 위험합니다. 중국시장에 진출하기 위해서는 중국에 대한 감과 언어 구사능력, 중국사회에 대한 총체적인 경험과 지혜를 갖추어야 합니다. 누구나 중국을 이야기할 수 있지만 중국을 실질적으로 아는 중국 통은 드뭅니다.

다. 일　본

> 한국인들은 많은 사람이 일본에 대한 부정적인 선입관을 갖고 있다. 우리가 과거 여러 차례 일본으로부터 침략을 당해 의식 저변에 깊은 불신이 깔려 있기 때문일 것이다. 그러나 일본에 대해 관심을 갖고 깊이 알게 될수록 일본에 대한 시각이 달라지는 경우가 많다. 객관적인 사실을 볼 때 일본이 세계 제2의 경제대국이며 아시아를 대표하는 나라라는 것은 부인하기 어렵다. 우리는

> 감정적으로 일본이 미운 것과 일본의 장점을 구분하고 인정할 것은 인정해야 한다. 일본시장 진출은 매우 어렵다. 그러나 일본시장 진출에의 성공은 세계시장의 정복이라고도 할 수 있다. 인내와 노력으로 일본에의 진출 도전이 요망된다.

- 일본기업은 보수적입니다. 거래선을 잘 바꾸지 않고 동일한 기업과 오래 거래하기를 희망하며 거래선 선정에 매우 신중합니다. 일본시장은 들어가기는 힘들지만 일단 들어가면 지속적인 거래가 가능합니다. 일본 비즈니스는 시간을 두고 천천히 진행하여야 합니다.
- 인간관계가 중요한 역할을 합니다. 타협적인 자세를 견지하는 것이 매우 중요합니다. 일본인은 타협할 자세를 갖추고 상대방의 의견을 경청하는 사람에게 호감을 갖습니다.
- 성실함이 중요한 사회입니다. 약속을 정하면 반드시 지켜야 합니다. 말에 대한 책임이 중시되는 사회이기 때문에 '할 수 있다'는 표현은 매우 신중을 기해야 합니다. 한국인은 50% 가능성이 있으면 '할 수 있다'라고 하지만 일본인은 100% 확실한 일이 아니면 '할 수 있다'라는 말을 사용하지 않습니다. 계약서 작성은 신중하고 철저하게 해야 합니다.

- 일본인의 겸양문화를 이해해야 합니다. 일본인은 직접적으로 상대방에 'NO'란 표현을 하지 않습니다. 예의로 표현하는 말을 긍정적인 답변으로 오해해서는 안 됩니다. 상대방의 상품에 관심이 없더라도 말로는 표현하지 않습니다. "전향적(前向的)으로 검토하겠다"는 언급을 'YES'로 이해해서는 안 됩니다. "전향적"을 영어로 favorable 또는 positive로 번역하곤 하지만 이것은 잘못된 번역입니다. 일단 부정적으로 이해하고 지속적인 노력이 필요하다고 생각해야 합니다.
- 일본인은 친분관계가 없는 사이에서는 본심을 잘 드러내지 않습니다. 일본인은 생각하는 것과 말하는 것에 차이가 있다는 것입니다. 즉 '혼네(본심)'와 '다테마에(겉치레)'의 양면성이 있다고 합니다. 우리식으로 말하면 '다테마에'란 대의명분상 겉치레로 이야기하는 것인데 이러한 문화적인 차이를 바르게 이해하지 못하면 일본에서의 비즈니스는 어렵습니다.
- 비즈니스 상담은 중간 관리직과 행하는 것이 매우 중요합니다. 대부분의 기업에서는 중견 관리직이 결정권을 갖고 있고 프로젝트의 리더 역할을 합니다. 일본은 현장 담당자의 역할이 매우 큰 사회입니다. 우리와 같은 Top down 비즈니스 방식은 대부분 실패합니다.
- 일본은 팀워크를 중시하는 사회입니다. 일본인은 개인플레이를 싫어하고 조직플레이를 중시합니다. 일본 비즈니

스에서 꼭 알아야 할 일본인의 문화와 관습입니다.

- 일본은 계획, 과정을 중시하므로 결정할 때까지의 시간이 많이 걸립니다. 결정하고 나서 시간이 걸리는 한국인과는 많은 차이가 있습니다. 시행착오는 일본에서는 받아들여지지 않습니다. 일본 비즈니스는 철저한 사전계획과 준비가 필요합니다.
- 일본경제의 버팀목은 중소기업입니다. 일본은 세계 최대, 최고의 공산품 제조국가입니다, 일본산 제품이 세계시장을 석권하게 된 배경은 일본의 장인정신에 있습니다. 한국이 앞서간다는 디지털 가전이나 IT제품을 만드는 장비도 대개 일본제입니다. 이러한 일본 중소기업의 생존 비법은 기술개발입니다. 한국의 중소기업도 시대의 변화에 적응, 끊임없는 기술개발로 고유의 기술을 가지고 소비자의 수요를 찾아 가는 것이 중요합니다.
- 일본어 사용이 비즈니스에서 유리합니다. 일본과의 거래에 있어서 문서자료는 불가결합니다. 가급적 영어가 아닌 일본어로 작성하는 것이 사업 성공의 확률을 높입니다. 일본의 기업은 먼저 일본어 자료를 보고 그 회사의 수준을 판단합니다.

라. 동남아 지역

> 1997년 태국에서 촉발된 동남아 금융위기로 태국은 물론 인도네시아 등 ASEAN 역내 국가들로 경제 불안정이 확산되면서 동남아는 최대의 경제위기에 직면하였으나, 최근 2000년 이후 아세안 국가들은 평균 7%의 견실한 GDP 성장세를 유지하고 있다.
>
> 아세안은 면적 446만㎢, 인구 5억 7천만을 아우르는 동남아 10개국의 거대 국가연합이며, 2007년도 경상 GDP 12,818 억불, 1인당 평균 GDP 2,227불, 2006년도 총수출 7,507억 불, 총수입 6,540억 불, 2006년도 외국인 직접투자 규모 523억불(2006)을 시현하고 있는 대형 신흥시장으로 우리의 핵심 수출시장으로 부상하고 있는 주요 경제 단위이다. ASEAN은 중국, 미국, 일본, EU에 이은 우리의 제5위 교역시장이며, 1992년 이래 우리 대외 총교역의 10% 이상을 차지해 온 중요 교역대상이다. 우리의 대아세안 투자는 1980년대 후반 이후 급격히 증가, 현재 우리의 총투자에서 차지하는 비중은 약 15% 정도이며, 중국, 미국에 이은 제3의 해외투자 대상지역이다. 또한 동남아 지역은 중동과 더불어 우리의 2대 건설 수주 시장을 형성하고 전체 건설 수주의 약 20% 정도를 점하고 있다.

■ 다양한 문화적인 배경, 특히 이슬람 문화 등 현지의 종교적인 특성에 대한 고려가 필요합니다. 음식, 복장, 생활

습관 등에 관한 일반적인 현지 관행을 사전에 알아보고 이를 존중하는 것이 좋습니다.

- 아열대 지방의 특성상 시간관념이 부족합니다. 단기간에 해결한다는 자세를 지양하고 느긋하게 임해야 합니다. 행정절차가 복잡하고 의사결정과정에서 시간을 많이 소요합니다. 'NO'란 말을 잘 하지 않으며, 조급하게 굴지 말고, 지나친 기대는 금물이며 냉정하게 대응해 나가야 합니다.
- 민족적 자존심이 강하고 다양한 정치체제를 유지하고 있어 현지인을 무시하는 태도를 보이거나 정치문제에 대한 언급은 가급적 지양하는 것이 좋습니다.
- 인간관계의 형성이 매우 중요합니다. 공식적인 절차 외 인간관계가 거래 성공의 배경이 되는 경우가 많으므로 사적관계 형성에 노력해야 합니다. 기존 거래선을 잘 바꾸지 않습니다.
- 각종 행정절차가 투명치 못하고 공무원 등의 부정부패가 심합니다. 기초 인프라의 미비로 투자 등 비즈니스 진행이 크게 저해되며, 공공요금이 과도한 편입니다.
- 노동의 생산성이 낮고 불합리한 노동법 규정 등으로 노동자의 해고, 초과근무수당의 과다 등 노무관리의 어려움이 많습니다. 숙련노동자의 확보가 어렵고 직업훈련시설도 부족합니다.
- 치안상황이 불안한 곳도 많습니다.

마. 서남아 지역

인도를 중심으로 한 서남아 지역의 시장성과 성장 잠재력은 누구나 인정하지만 중국에 대비한 인도시장의 장점은 11억 여명이 생활하는 최대의 민주국가라는 점이다. 민주주의의 단점인 효율성이 떨어지는 현상은 사회 전반에 노정되어 있지만, 사회 밑바닥이 탄탄하게 형성되어 기업환경면에서 여러 가지 장점이 많이 있는 사회다. 인도경제는 최근 4년간 연간 8% 이상의 성장을 보여왔고, 연간 소득 $4,000 이상의 인구도 이미 4,500만 명을 넘어 섰다(낮은 물가에 따라 실질 구매력 $18,000 상당). 이처럼 광대한 시장에 우리 기업의 제품이 가전시장의 절반을 휩쓸고 있다. TV수요만 해도 연간 1,200만 대가 넘는 초거대 시장이다. 한·인포괄적경제협력협정(CEPA: Comprehensive Economic Partnership Agreement)이 발효된 지금 인도시장의 중요성에 더욱 주목해야 한다.

- 현지 종교적 · 문화적 특성의 고려가 필요합니다. 역사적으로 오랜 기간 외국의 지배, 수탈을 당한 지역으로서 남을 잘 믿지 않는 습성을 가지고 있으며, 오랜 기간 쌓아온 인간관계도 이해관계가 개입시 태도 변화의 경우가 빈번합니다.
- 전기, 수도, 도로, 항만 등의 인프라가 극히 열악하며 인터넷 비용도 고가입니다.

- 신용이 높지 않고 행정절차가 불투명하고 복잡합니다. 공무원의 부패가 만연되어 있고 업무처리의 속도가 매우 느려 조급한 마음의 불식이 중요합니다.
- 인력감축이나 공장 폐쇄시 정부의 허가가 필요한 경우가 빈번하고 노동자가 매우 수동적이고 조직에 대한 충성도가 약하고 책임을 회피하는 경향을 갖고 있습니다.
- 정치 사회적인 불안요인이 많아 상담 또는 기업진출시 신중을 기하고 테러관련 제반 안전요인의 철저한 점검이 필요합니다.

바. 오세아니아 지역

> 오세아니아 지역은 지상에서 가장 평화로운 지역이다. 그리고 자연자원이 풍부한 지역이기도 하다. 특히 호주는 세계 여섯 번째 광대한 영토에 풍부한 자연자원을 가지고 있으며 과학 분야 노벨 수상자를 10명이나 배출한 과학 강국이다. 산업 또한 기술적인 측면에서도 세계적인 수준이다. 자연자원 확보 및 선진 기술의 활용 등의 면에서 우리 중소기업 진출이 기대된다.

- 시장규모가 협소하여 소량거래가 특징입니다. 그러나 광범위하고 안정적인 대중 소비층이 잘 형성되어 있어 장

기적인 차원에서 적극 진출해야 할 시장입니다.

- 일단 좋은 거래관계를 유지하면 거래처를 잘 바꾸지 않는 보수적인 경향이 있습니다. 신뢰를 쌓아온 기존 파트너와의 거래관계를 중시합니다. 소비자가 brand에 민감하지 않습니다.
- 광활한 대륙으로 국내 유통비용이 과다하게 소요됩니다.
- 노동력 부족이 심한 시장입니다. 따라서 현지 진출시 철저한 현지근로자 채용계획 수립이 요구됩니다.

사. 북미 지역

미국은 우리나라의 최대의 수출시장이며 무한한 발전 가능성이 잠재하는 초경제단위이며 세계경제의 심장이다.

우리나라는 다행히도 미국과 FTA(Free Trade Agreement)를 체결하고 현재 의회비준을 기다리고 있다. 한·미 FTA는 우리 기업의 미국시장 진출 입지를 크게 개선하고, 우리 경제 시스템 선진화를 촉진하며, 대외신인도 제고를 통한 외국인 투자 유치 증대에 기여함으로써, 우리 경제전반에 걸쳐 새로운 성장동력을 제공할 것으로 기대되고 있다.

우리 중소기업은 한·미 FTA가 발효하여 한국과 미국이 하나의 시장이 되는 것을 대비하고 철저한 준비를 해야 할 것이다.

- 미국인들은 권위주의를 싫어하고, 상식과 실용주의에 의해 일을 처리합니다. 간편한 옷차림을 좋아하고, 연령이나 격식에 얽매이지 않고 인간관계를 형성합니다. 처음 만나는 경우에도 서로 이름을 부르면서 대화를 시작하고 직위나 직함은 그리 중요치 않습니다.
- 미국적인 것에 대한 자부심이 매우 강합니다. 조상 출신의 지역적 · 민족적 차이에도 불구하고 모두 미국적인 것을 좋아하며 비미국적인 것은 배척하는 경향이 있습니다.
- 다양한 문화가 복합적으로 형성된 사회임에도 불구하고 그들이 속한 인종, 문화 등을 적절히 활용할 경우, 비즈니스의 성공확률이 높아집니다. 미국인은 상대방에게 자신의 문화적 테두리 안에서 우호적인 경향이 있습니다.
- 캐나다인은 보수적입니다. 처음 거래 성사를 위해서는 막대한 노력이 요구됩니다. 기존 거래선과의 관계를 중요시하므로 가격조건에 따라 무조건 거래선을 바꾸는 경우가 드뭅니다. 통상적으로 미국에 비해 거래결정에 2배의 시간이 소요됩니다
- 캐나다의 경우 철도, 항만 등의 인프라가 부족합니다. 아시아 지역과의 교역량이 급증하는 반면, 신규 철도 건설이 답보상태에 있어 운송, 하역작업이 크게 지체될 가능성이 많은 점을 유의해야 합니다.

아. 중남미 지역

2008년 4.2%의 경제성장을 달성하며 2003-8년간 6년 연속 4%대 이상의 성장세를 이어온 중남미 경제는 세계 경기침체 여파로 금년에는 마이너스 성장률을 시현할 것으로 전망되고 있다. 그러나 중남미 경제성장의 견인차 역할을 담당해 온 석유 및 원자재 가격이 '09년 2/4분기 이후 상승세를 보이고 있으며, 80년대 경제위기 이후 건전한 거시경제 및 금융정책 운영, 해외차입 의존도 축소 등을 통해 중남미 지역 경제의 기초여건이 강화되어 금융시장의 불안정성은 유럽 등 다른 지역에 비해 덜 심각한 것으로 분석되고 있다. 중남미 경제는 '09년 하반기부터 회복세로 돌아서서 2010년에는 3%대의 성장률을 보일 것으로 전망되고 있고, 특히 브라질은 거대 내수시장, 수출시장 다변화 및 중국과의 교역증대 등을 기반으로 2010년에 경제성장률이 3.5%로 전망되는 등 중남미 경제성장을 주도할 전망이다.

중남미 시장에 대한 우리의 교역규모는 2008년도 수출 332억 불, 수입 137억 불 정도이나, 2004년 이래 매년 25-30%의 꾸준한 증가세를 보이고 있어 우리에게는 향후 전망이 매우 밝은 유망 시장이다.

- 라틴민족의 특성은 낙천적이고 다혈질입니다. 세 명만 모이면 천장이 흔들린다고 할 정도입니다. 일처리에 있어서 매우 느긋합니다. 인내심과 끈기를 갖고 거래에 임

해야 하며, 쉽게 언질을 주고 약속을 행하나, 약속이행에 대한 책임감이 별로 없어 신뢰도가 떨어집니다.

- 정경유착, 부정부패가 심한 지역이며, 이 지역 사람들을 이해하기 위해서는 역사적·문화적 배경을 알아야 합니다. 비효율적인 행정체제, 관공서나 기업체의 업무처리 속도가 대체로 늦다는 점을 유의할 필요가 있습니다.
- 보수적인 성향을 갖고 있으며, 인간관계 형성에 큰 비중을 두고 있어 신규거래 개발은 어렵지만 한 번 거래를 시작하고 좋은 인상을 주게 되면 경쟁자가 들어오기 힘듭니다. 장기적인 안목에서 점진적으로 접근할 필요가 있는 시장입니다.
- 인프라 형성이 아직 미흡하고, 유선통신 기반이 미약한 지역도 있습니다. 물류비용이 매우 높기 때문에 진출시 이를 감안해야 합니다. 치안 상태가 불안한 지역이 상당히 많으므로 기업진출시 안전문제에 대해 적극 고려해야 합니다. 특히 브라질의 높은 범죄율은 브라질 정부의 골칫거리입니다.
- 사회주의적 색채가 비교적 강하고 노동자 위주의 정책을 채택, 노동자의 해고 비용이 매우 높으므로 이에 대한 철저한 대비가 필요한 지역입니다. 인건비는 저렴하나 노동의 유연성은 크게 떨어진다는 점을 유의해야 합니다. 시간이 갈수록 노동비용이 과다하게 되어 투자의 아킬레스건이 됩니다.

- 세금이 상식 이상으로 높고, 외상거래의 만연으로 대금 결제의 위험성이 큽니다. 브라질에는 80개가 넘는 조세가 있습니다. 담세율도 너무 높습니다. 예를 들면, 브라질은 전체 GDP의 40%를 정부가 직·간접세로 거둬들입니다.
- 중남미인들은 우리의 빨리빨리 문화와는 상극입니다. 또한 그들은 공격적(aggressive)인 것을 매우 싫어합니다. 따라서 한국의 기업인에 대한 이미지가 좋지 않게 되는 경우가 많습니다(V. 사례편의 "아르헨티나의 최고 혐오 외국인은 한국인" 참조).
- 현지어 구사능력이 필수적입니다. 영어 사용인구가 상대적으로 희소하며, 현지어를 구사치 못하면 영업뿐만 아니라 노무관리 등에 있어서도 많은 어려움에 봉착합니다.

자. 서유럽 지역

> 유럽은 여러 국가와 민족, 언어를 가진 지역이다. EU에 가입한 27개국에도 20여 개의 공용어가 존재하고, 가입국 인구도 독일의 8,200만 명에서 몰타의 40만 명까지 큰 차이가 난다. 또 1인당 GDP도 룩셈부르크의 8만 불에서 불가리아의 3,000불까지 그 폭이 매우 크다. 이러한 유럽이 인류 역사상 유례없는 실험을 하고 있다. '하나의 국가'를 건설하고 경제분야에서 '하나의 시스템'을

> 구축, 번영을 추구한다는 것이다. EU의 확대로 유럽인이 갈망하던 '미국에 필적하는 세계 최대의 경제규모를 가진 공동체'가 탄생하였다. 총 EU의 인구는 4억 9,000만 명(2006), 미국의 3억 명이나 일본의 1억 3천만 명을 훨씬 능가하고 있다. GDP도 EU 13.2조 불, 미국 12.9조 불, 일본 4조 불이다. 과거 소련의 영향권하에 있던 동구권 국가들까지 EU에 편입되었다. EU를 잘 이해하지 않고는 21세기 글로벌 경제에 대처하기 힘들다.

- 유럽시장은 보수적인 시장입니다. 유럽인들은 처음 사귀기는 어렵지만 한 번 사귀면 평생을 갑니다. 기존 거래선과의 관계를 특별한 문제가 없는 한 교체하지 않습니다. 신규거래 관계 개설에 상당한 시일이 소요되므로 인내심을 갖고 임해야 하는 시장입니다.
- 오랜 역사와 전통을 갖고 있는 사회이므로 문화적 · 역사적 전통과 종교적인 배경에 대한 인지가 필요합니다. 문화적 우월감이 매우 강합니다.
- 노동자 중심의 노동법, 까다로운 근로조건과 해고의 어려움 등 노동의 유연성이 낮은 지역입니다.
- 영어 사용국 일부지역을 제외하고는 영어 구사력이 낮은 국가가 대부분입니다. 언어장벽이 비교적 높은 지역이 다수 포함되어 있으므로 현지어 구사가 비즈니스의 사전 요건입니다. 유능한 통역원이 요망됩니다.

■ 터키의 경우, EU가입을 추진하고 있는 국가로써 무역 위험이 비교적 큰 나라입니다. 세금회피를 위한 지하경제가 만연되어 있고 부정부패가 심합니다. 대금결제 지연 내지 거부 등의 무역사고 다발 지역입니다.

차. 동유럽 지역

> 1990년 동구권 민주화 시작 이후 20년, 동구권 제국은 글로벌 경제로의 편입에 성공하였다. 1990년대 중반 이후 시장 개방을 통해 외국인 직접투자가 크게 늘었으며, 체코, 헝가리를 중심으로 한 동구권 선발국들은 첨단, 고부가산업을 집중 육성하였다. 2004년 체코 등을 필두로, 2007년에는 루마니아, 불가리아의 EU가입으로 서부 발칸제국을 제외한 중동구 유럽국가의 EU편입이 완료되었다.
>
> 그러나 일부 국가의 자본주의로의 안정적인 질주에도 불구, 대부분의 국가가 체제전환의 진통을 앓고 있다. 글로벌 금융위기로 인한 경제 침체, 위기의 연금제도, 심각한 실업문제, 성장에 따른 고물가, 사회주의 시대의 폐해 잔존, 부정부패 등이 향후 동구권 제국이 극복해 나가야 할 장애요소이다. 동유럽시장은 향후 성장 가능성이 매우 큰 유럽의 신시장이다.

- 경제전반의 투명성이 높아지고 정상적인 거래관행이 정착되고 있으나 아직까지 일부 불법적인 거래가 잔존하고, 특히 후발 동구권의 경우 과다한 지하경제, 음성 거래가 만연한 실정이어 거래관계 구축시에 신중을 기해야 합니다.
- 관료주의에 따른 행정절차 지연, 부정부패, 사법제도의 낙후성 등이 큰 문제점으로 부각되고 있으며, 법률, 회계, 제도 등에 아직까지 사회주의적 규제가 상당히 잔존하고 있습니다.
- 신용장 개설시의 은행의 과다한 담보요구(110%)와 수입상의 자금부족 등의 요인과 함께 외상거래를 선호하는 동구권의 일반적인 상관습상 신용장 거래를 회피하는 경향이 강합니다.
- 전반적인 사회적 인프라의 미비로 물류비용이 과다하게 소요되며, 특히 동구 내륙국가의 경우 장기 운송소요시간을 감안해야 합니다.
- 영어가 원활히 통용되지 않아 언어장벽이 비교적 높은 편이며, 중요한 상담 등에는 통역을 사전에 준비해야 합니다.

카. 러시아 및 CIS 지역

풍부한 에너지 자원에 기초한 러시아 경제는 2000년 이후 6-7%의 견실한 GDP 성장률을 유지하고 있다. 러시아는 세계 최대의 천연가스 보유국이자 수출국이다. 전 세계 매장량의 27%를 보유하고 있다. 석유 매장량은 전 세계의 7%인 750억 배럴로 매년 5억 톤씩 생산하고 있다. 사우디아라비아에 이어 두 번째다. 석탄 매장량은 2,400억 톤으로 세계 1위이다. 2007년에는 외환 보유액이 세계 3위로 자리매김을 했다. 그간의 경제성장의 결과 2000년에 인구의 29% 정도까지 육박하던 빈곤층이 2007년에는 12%로 감소했다. 러시아 연방의 2020년 장기 발전계획에 의하면 2020년까지 러시아는 세계 5위의 경제대국을 목표로 하고 있다. 미국, 중국, 일본, 인도에 이어 다섯 번째로 큰 경제대국이 되겠다는 것이다. 우리는 무엇보다도 이러한 러시아의 성장 가능성에 주목해야 한다.

- 러시아에는 법과 다른 룰이 있습니다. 문서로도 되어 있지 않고 공식적으로 인정되지 않지만 성공하려고 하면 지켜야 할 현지사회의 룰이 있습니다. 러시아에 진출하려면 해당 프로젝트나 관련분야에 가능한 한 많은 정보를 사전에 입수, 검토해야 합니다. 충분한 정보 없이 진출을 시도하다 실패한 사례가 많이 있습니다.
- 되는 것도 안 되는 것도 없는 시장입니다. 아무리 쉬워

보여도 해 보면 막상 불가능한 경우가 있고, 불가능한 것처럼 보이는 일도 쉽게 성사되는 것이 러시아입니다.

- 법을 지키는 것이 아주 중요합니다. 러시아에는 법과 규정이 너무 많아서 모든 법을 지키는 것이 불가능하다는 말이 있습니다. 그러나 가능한 한 법의 테두리 안에서 사업을 하도록 해야 합니다. 외국회사에 대해서는 자국회사보다 당국의 감시가 더 철저합니다. 사소한 위반이 나중에 큰 문제가 될 수 있습니다. 문제 발생시 현지 변호사 등의 조력을 받는 게 현명합니다.
- 사회주의적 · 관료주의적 행태가 만연하며, 소비자중심의 사회가 아니라 공급자중심의 사회이므로 인내심이 필요합니다. 행정절차가 불투명하고 느리며 부정부패가 심합니다.
- 인간관계가 비즈니스의 성패를 좌우합니다. 인맥이 성공의 관건인 만큼 인간관계 형성에 투자해야 합니다. 특히 러시아의 중앙정부뿐 아니라 지방정부 사람들과의 인맥도 중요합니다. 러시아인은 머리보다 가슴으로 이해해야 합니다.
- 현지의 눈높이에 맞춰야 합니다. 러시아인은 복잡한 것을 좋아하지 않아 단순하고 투박한 것이 시장에서 큰 호응을 받는 경우가 허다합니다. 감정적이며 서구적이며 동양적인 면을 다 갖추고 있습니다.
- 인프라가 대부분 낙후되어 있고, 전화 등 통신사정이 좋지 않아 e-mail, 팩스 등의 활용이 용이치 않으며, 반드시

수신여부를 확인할 필요가 있습니다. 빈부격차나 지역 간의 개발수준 차이가 러시아의 가장 큰 문제 중의 하나입니다.

- 영어 소통이 거의 불가능합니다. 러시아어의 구사가 필수적입니다.
- 중앙아 지역은 여타 지역에 비해 물류비용이 과다하게 소요됩니다. 경쟁력 상실의 중요한 요인이 됩니다.

타. 중동 지역

중동지역의 석유 확인 매장량은 전 세계의 70%, 생산량의 약 46%, 수출량의 45%를 차지하고 있다. 특히 사우디는 매장량(24%), 생산량(14%), 수출량(16%)에서 세계 1위를 차지하고 있다. 중동 산유국은 고유가로 오일머니가 풍족하게 회전되면서 최소한 2008년 중반까지는 호황기를 누렸다. 투자와 소비가 크게 증가했고, 대규모 개발사업으로 건설 붐도 일어났다. 물론 2008년 이후 중동도 세계경제의 악영향으로 약세를 면치 못하고 있지만 당분간은 에너지 산업을 기반으로 한 탄탄한 성장세를 유지할 전망이다.

중동은 사업하기가 결코 만만하지 않은 곳이다. 아라비아 상인의 전통을 이어받고, 끝없는 사막을 몇 개월씩 카라반하는 가운데 형성된 남다른 인내심을 갖고 있는 민족이다. 흥정과 협상, 즉 상인정신은 중동의 오랜 전통이다. 결코 서두르는 법이 없는 사람들이다. 중동인과 비즈니스를 할 때는 인내심이 필수적이다.

- 이슬람사회의 모든 규범은 코란이며, 코란을 바탕으로 한 '샤리아' 법과 이슬람계율 등이 법과 동일한 역할을 하는 사회입니다. 이슬람의 전통과 관습을 존중해야 합니다.
- 민족적인 자부심이 강합니다. 아랍 특유의 문화를 잘 소화하며 이슬람에 반하는 언사나 타 종교와의 비교 등을 삼가야 합니다. 이스라엘에 대한 극단적인 혐오감을 가지고 있습니다. 이스라엘에 대한 배제가 철저합니다.
- 책임의식과 약속관념이 희박하며, 모든 일을 자기 편의대로 해석하는 경향이 있습니다. 자신의 실수를 절대 인정치 않으며, 아쉬울 경우 친절하다가 이해관계가 개입되면 표리부동한 행동을 보이는 만큼 냉정함을 유지하는 것이 중요합니다
- '인샬라'는 알라의 뜻이라는 아랍어인데 흔히 사용합니다. 긍정도 부정도 아니며 모든 것이 신의 뜻이라는 종교적 신념에서 사용하는 것이므로 이를 긍정적인 반응으로 수긍해서는 바람직하지 않습니다. 계약 이행률이 낮고 시간약속 등을 잘 지키지 않습니다.
- 극단적인 가격시장입니다. 오랜 거래관계를 유지하더라

도 가격경쟁력에서 떨어지면 거래선을 쉽게 바꾸는 경향이 있습니다.

- 아랍상인과의 거래에 있어서는 인내심을 길러야 합니다. 협상에 있어 여유를 갖고 임하다가 상대가 시간에 쫓길 때 결정하는 특성이 있습니다.
- 각종 불공정 관행이 상존하고 국제관행을 준수치 않고, 법적 분쟁 등에 있어 외국인에게 불이익을 주는 경향이 있습니다. 정부의 정책과 각종 절차에 있어 일관성과 합리성이 부족합니다.
- "와스타" 관행이 일반화되어 있습니다. 와스타는 아랍어로 "중간에 있다"는 의미로 모든 사회활동에서 중개인의 역할이 거의 필수적임을 의미합니다. 외국인이 중동지역에 비즈니스를 하기 위해서는 현지 유력파트너를 반드시 활용해야 합니다. 강력한 에이전트 없이는 큰 계약을 따내기는 사실상 불가능합니다. 이러한 거래에서 중개료 또는 에이전트 수수료 비용이 상당히 높습니다. 자국인 에이전트를 선정해야만 외국법인 설립을 허용하는 국가도 있습니다.
- 노동시장의 유연성이 부족합니다. 현지인 고용시 해고가 쉽지 않으며 생산성이 매우 낮아 경쟁력을 저하시키는 요인이 됩니다. 일부 중동국가는 국내 산업보호 및 자국민 고용증대를 위해 자국화 정책을 강력히 추진하고 있습니다.

- 개인 기업은 대부분 비공개 기업이어서 신용조사가 어렵습니다. 아랍인은 타고난 장사꾼입니다. 계약서 작성 등 계약조건을 철저히 점검치 않을 경우 분쟁에 휘말리기 쉽습니다.
- 치안이 불안한 지역이 많아 안전문제를 심각하게 고려하여야 합니다.
- 아랍어 등 현지어 사용이 필수적입니다. 유능한 통역을 확보하는 것이 비즈니스 성공의 비결입니다.

파. 아프리카 지역

> 새천년을 맞는 2000년 이후 아프리카는 정치적으로는 민주화 진전, 경제적으로는 경제개발과 시장개방경제로의 전환 등 가시적인 변화가 급속히 진행되고 있다. 경제적 변화의 조짐은 아프리카의 GDP 성장률의 추이가 2005년 5.4%, 2006년 5.4%, 2006년 5.9% 등으로 견실한 성장세를 보이고 있는 사실에서 잘 나타난다. 이 같은 아프리카 지역의 평균 성장률은 선진국, 중남미지역에 비해 훨씬 높은 것으로, 2001년 이후 아프리카의 실질 성장률은 전세계 평균 성장률을 상회하고 있다.
>
> 아프리카는 자원의 보고이다. 지하자원, 농산자원 그리고 수산자원 등 모든 분야의 자원을 골고루 갖추고 있다. 특히 희귀 금속을 비롯한 광물자원의 매장량은 세계

적이어서 자원을 확보코자 하는 강대국간의 치열한 경쟁의 대상이 되고 있는 지역이다. 우리에게도 아프리카는 소홀히 해서는 안 될 소중한 시장이다. 아프리카가 우리나라의 총교역과 투자에 차지하는 비중이 아직까지는 비록 전체의 2% 미만으로 미미한 수준이지만 우리의 미개척 미래 시장이다. 아프리카는 우리에게 새로운 기회의 땅이므로 향후 아프리카에 대한 관심을 더욱 심화, 확대해 나가야 한다.

- 다양한 민족과 인종으로 구성, 현지의 종교적·문화적·역사적 전통과 문화에 대한 이해가 필수적입니다. 인종차별에 대한 언급은 금기사항입니다.
- 정부의 부정부패와 행정의 비능률이 심각합니다. 관료주의의 만연과 행정절차의 복잡성, 부정부패 등이 사하라 이남의 아프리카의 공통적인 특징입니다. 많은 나라에서 종족, 종교, 이념 등의 가치가 국가 또는 정부의 가치 위에 고려되는 후진성이 노정되고 있습니다.
- 교통, 항만, 통신 등 인프라의 부족이 심각합니다. 아프리카는 많은 지하자원과 농업, 임산자원이 풍부한 개발 잠재력을 갖고 있으나 인프라 시설의 열악으로 개발에 어려움이 있으며 외국투자를 가로 막는 최대의 장애요인이 되고 있습니다.

- 책임의식과 약속시간 준수 등에 대한 인식이 부족, 거래 관계 수립에는 장기간이 소요되며 특별한 인내심이 필요한 지역입니다.
- 숙련된 기술인력의 해외유출과 AIDS 감염 확산 등으로 노동력이 급격히 감소하고 있습니다. 경직된 노동시장과 강성노조 등으로 노동의 유연성이 극히 떨어집니다.
- 시장규모가 협소합니다. 아프리카 총 무역고는 우리나라 무역고보다 적으며, 만성적인 외환부족에 시달리고 있습니다. 더욱이 남아공과 나이지리아, 이집트, 모로코 등 몇몇 국가들을 제외하면 대개가 1국당 연간수입액이 수억 불에 불과한 소규모 시장이 대부분입니다. 또한 아프리카 34개국이 최빈 개도국으로 국민소득이 1천 불을 밑돌고 있어 구매력이 매우 작습니다.
- 국제사기조직이 많습니다. 광물 등 국제원자재 매매, 인프라 프로젝트 입찰, 비자금 반출, 대량오더 등을 미끼로 한 사기행각이 빈번합니다. 조금이라도 일반적이지 않은 거래 요청이나 제의는 사전에 꼼꼼히 확인하는 것이 반드시 필요합니다.
- 정치적 불안정 및 치안 상황의 악화로 투자 위험이 큽니다. 소말리아, 콩고민주공화국 등의 나라는 내전이 계속 중이고, 많은 나라들이 종족 및 종교갈등, 국경분쟁 등으로 정정이 불안합니다. 일부 국가에서는 대중교통수단 이용이 불가능할 정도로 치안상황이 불안하고 남아공의

요하네스버그는 세계의 범죄수도로 호칭됩니다.

- 구 식민종주국과의 특혜경제관계에 있는 나라가 많습니다. 따라서 서방기업에 의해 경제적으로 선점되고 있는 아프리카 시장의 신규진입은 시장규모가 확대되지 않는 한 어렵습니다.

[해외투자 필수 점검사항]

가. 투자대상국의 결정

- 투자대상국들의 투자환경 비교에 의해 최적 투자대상국과 입지 선정
- 내수시장 진출확대, 우회수출거점 확보, 고급기술 습득 등의 투자목적 고려

나. 투자 환경

- 현지국가의 경제적인 성장성 및 안정성, 외국투자기업에 대한 투자정책과 특혜 제공(세제 혜택 및 보조금 등, 특히 특혜에 시한이 있는지 여부), 투자입지로서 적합성, 정치적 안정성, 법제 · 시장정보 등

다. 투자업종과 생산품목의 결정

- 어떤 업종 · 품목이 현지시장에서 유망할까에 대한 검토

라. 투자목표의 설정

- 장기적 비전에 목표를 둘 지 또는 단기적 이익 회수에 목표를 둘 지에 관한 검토

마. 투자형태의 선택

- 합작투자 vs. 전액투자의 선택
- 합작투자에 의해 자금, 경험부족(현지동화 및 문화적응)을 보완할 수 있을 것인지 여부
- 현지파트너 후보자의 인격, 평판, 신용상태 등

바. 현지국 내 인간관계

- 주요 현지국 내 거래선 확보 및 그들과의 인간관계 개선방안 검토

사. 시장상황 조사

- 제조·판매하고자 하는 상품의 판매와 유통 상황 등
- 현지 경쟁업체 현황(현지 시장 사정 이해차 경쟁업체의 사업현황을 조사)

아. 생산방법과 부품조달

- 현지 인건비 수준에 비추어 자동화 정도 설정
- 부품 및 원부자재를 어디에서 조달할 것인지에 관한 결정

자. 공장입지

- 산업단지 또는 투자유치를 위해 인센티브를 제공하는 지역 등 검토

차. 물류비용

- 입지선정의 중요성 고려, 운송비, 운송횟수, 운송방법 등 고려
- 도로사정, 물류시스템 조사

카. 노무관계

- 노동의 질 및 안정성, 임금수준, 근로자 채용의 난이도, 현지국의 노동관련 법규 및 제도 등 조사검토

타. 운전자금 및 금융계획

- 부품을 구매해서 생산 후에 제품을 거래처에 공급할 때까지 소요기간(운전 주기) 조사
- 부품의 외상구매, 제품의 외상판매 여부 그리고 기간 조사
- 자금 조달방법 마련

파. 세금 및 회계제도

- 세금의 종류, 세율, 납세방법, 과실송금 보장, 한국과 현지국 간에 체결된 각종 협정(이중과세방지협정, 사회보장세면제협정, 투자보장협정 등)을 조사

하. 법인형태

- 법인형태별 세금의 경중에 비추어 변호사나 회계사와의 상담을 통해 결정

허. 투자철수에 대한 대비

- 철수 원인(분쟁, 자연적 · 정치적 재해, 경제적 이유)별로 비상대비계획(contingency plan) 작성

Ⅳ 분쟁의 사후적 해결

윈윈협상을 성취하기 위해서는
당신의 카드를 테이블 위에 다 올려놓고,
당신과 상대의 '진정한 이익'이 무엇인지를
직시하고,
분쟁의 본질이 무엇인지를 숨기려 하지 말고,
나아가 모든 정보를 공개하여야 한다.

-메어리 파커 폴렛, "협상의 이론과 실제" 중에서-

1 협상에서 법적 해결까지

예방은 분쟁의 가능성을 최소화하는 것일 뿐, 분쟁을 완전히 없애는 것은 아닙니다. 따라서 분쟁이 발생했을 경우, 이들을 사후적으로 해결하는 능력도 중요합니다. 분쟁의 사후적 해결방식에는 크게 보아 두 가지가 있습니다. 하나는 협상에 의한 것이고, 또 하나는 법적 절차에 의한 것입니다. 분쟁이 일어났을 경우, 투자기업은 우선 분쟁을 법적 절차에 의해 해결할 것인지 아니면 당사자간의 협상에 의해 해결할 것인지를 선택해야 합니다.

현지 근로자가 횡령을 하였다든가, 사기를 쳤다든가, 또는 현지 합작선이 합작투자계약을 위배했다고 합시다. 그러면 우리 현지투자업체의 지사장들은 화를 버럭 내면서 즉각 법적 절차에 회부하는 사람이 적지 않을 것입니다. 이것은 옳은 대응방식일까요?

법 절차에 의한 분쟁해결은 어느 나라에서나 시간과 비

용이 많이 소요됩니다. 그리고 법적 절차에 의한 분쟁해결은 전형적인 승패(win-lose)의 게임입니다. 즉, 승리 아니면 패배입니다. 이기는 측이 모든 것을 갖고(winner takes all), 지는 측은 모든 것을 잃습니다. 지는 측은 엄청난 변호사 비용과 손해배상을 부담합니다. 이기는 측도 부담이 있습니다. 지는 측에 부담시킬 수 있는 액수를 초과하는 자기측 변호사 비용을 물어내야 합니다. 나아가 인심을 잃기 쉽습니다. 현지 근로자가 무슨 큰 잘못을 했다고 감옥에 집어넣으려 하느냐는 여론이 빗발칠 수도 있습니다. 분쟁상대방인 현지인이 악성 소문을 퍼트리는 경우도 있습니다. 이에 따라 그 나라에서 그 투자업체의 평판이 떨어질 수 있습니다. 이에 따라 그 투자업체는 법적 절차에서 이기더라도 사업에서는 실패하는 결과가 초래될 수 있습니다. 즉, 법적 절차에 호소하는 것은 양측 모두 지는 '패패(lose-lose)의 게임'이 될 확률이 높습니다.

반면에 협상은 분쟁당사자들이 서로 대화를 통하여 분쟁을 해결하는 가장 유력한 분쟁해결 방식입니다. 비용도 적게 들고 시간도 적게 소요되며, 분쟁해결 결과에 대한 당사자들의 만족도도 높습니다. 어느 사회에서나 분쟁의 약 90%가 협상에 의해 해결됩니다. 따라서 상대방도 법적 절차보다는 협상에 의한 해결이 유리하다고 생각할 가능성이 높으며, 이것이 협상개시를 위한 동기를 부여합니다.

따라서 분쟁해결의 수단으로 협상이 법적 절차보다 우월하다고 할 수 있습니다. 물론 협상이 분쟁을 원만한 해결로 인도한다는 보장은 없습니다. 협상과정에서 갈등이 더 증폭될 수도 있습니다. 협상이 한없이 지연될 수도 있습니다. 따라서 분쟁의 사후적 해결을 위해서는 우선 협상을 하고, 그것이 여의치 않을 경우에는 법적 절차에 호소한다는 2단계 접근방식이 바람직할 것입니다.

협상과 법적 해결 외에도 분쟁을 해결하는 방법이 있습니다. 조정과 중재가 그 대표적 방안들입니다. 조정과 중재는 협상과 법적 해결의 중간에 서 있다고 할 수 있습니다. 사적 자치(즉, 당사자의 자유로운 의사에 의한 해결)를 한 쪽 끝으로 하고 강제력에 의한 해결을 다른 쪽 끝으로 하여 스펙트럼을 구성한다면, 사적 자치 쪽으로부터 협상, 조정, 중재, 법적 해결의 순으로 분쟁해결방식이 배열될 수 있을 것입니다.

2 윈윈(win-win)협상을 향하여

협상을 기술, 즉 협상술(術)이라고 생각하는 사람이 많습니다. 청산유수 식으로 말을 하고 머리가 빠르게 돌아가는 사람이 협상을 잘 한다고 생각하는 사람도 많습니다. 그러나 이것은 착각입니다. 정작 협상을 잘 하는 사람은 성실하고 인내심 있게, 상대의 말을 경청하면서, 쌍방이 만족할 만한 타협안을 고안해 내는 사람입니다.

협상은 술책(tactic)으로 하는 것이 아닙니다. 협상은 '마음'으로, 즉 진심으로 해야 합니다. 그래야 상대방의 마음을 움직일 수 있고 그것이 협상의 관건입니다. 요즘 사람들은 모두 똑똑(smart)하고 정보에도 밝습니다. 얕은 술책에 넘어갈 사람은 거의 없습니다. 이제 마키아벨리 식의 수단과 방법을 가리지 않는 협상은 통하지 않습니다. 혹시 그러한 협상방식이 한 번은 통하더라도 평판이 나빠져서 계속 통할 수 없습니다. 따라서 협상을 남을 속여 넘기는 기술이나 잔재주의 차원에서 협상을 접근하는 태도는 불식되어야 합니다. 이제 협상은 인간관계, 상대에 대한 배려, 상호공존, 호혜적 이익의 차원에서 임해야 합니다. 이기적인 충동을 극복하고 상대방과 신뢰를 구축해서 호혜적인 마음의 협상을 하는 것이 성공적인 협상의 비결입니다. 많은 사람들이 협상을 승패의 차원에서 이해하지만, 이것은 협상 실패의 지름길일 뿐입니다.

협상을 성공 또는 실패로 이끄는 마음자세는 분쟁의 해결뿐 아니라 회사의 전반적 인사관리와 회사의 평판을 관리하는 데에도 중요합니다. 이하에서는 이러한 마음자세에 관해 좀더 생각해 보고자 합니다.

가. 승패협상과 윈윈협상

무엇이 협상을 실패에 이르게 할까요? 대부분의 경우, 협상실패의 주된 원인은 '이기려는' 생각입니다. 상대방을 양보하도록 만들어서 자기가 더 큰 이득을 취하려 하는 마음자세입니다. 우리는 협상의 이익(파이)이 정해져 있다고 보고 주어진 파이를 나누는 문제에 집중하는 '파이나누기' 협상, 또는 승패협상에 집중하기 쉽습니다. 포커 게임은 전형적인 승패협상입니다. 상대가 100만원을 따면 나는 100만원을 잃습니다. 상대의 불행은 나의 행복입니다. 이러한 승패협상에서 상대를 이기기 위해 수단과 방법을 다 쓰는 것은 당연합니다. 상대를 속이기도 하고 겁주기도 합니다. 이러한 승패협상에서 전체 파이(판돈) 자체는 늘어나지 않습니다. 이러한 의미에서 이를 제로섬(zero-sum)협상이라고 부르기도 합니다.

이러한 승패협상은 뺏고 빼앗기는 투쟁의 협상이 됩니다. 그러나 이러한 투쟁적 협상에서 협상자들은 중요한 것을 망각하기 쉽습니다. 싸우지 않고 양측 모두에 유리한 결과를 도출할 수 있다는 것입니다. 위에 말한 포커에서 양측이 게임을 그만두는 것이 최선일 수 있습니다. 전쟁을 승패로만 보지 말고 전쟁을 회피하는 것이 최선의 협상이 될 수 있습니다. 승패협상은 먹이를 앞에 둔 두 마리 늑대 사이에 벌어지는 끈질긴 승강이에 비유되기도 합니다. 늑대들은 먹이가 고정되어 있다고 생각합니다. 늑대들은 더 많은 먹이를 포획하여 배분함으로써 모두에게 이익이 돌아올 수 있다는 것은 인식하지 못합니다. 그저 내가 먹느냐 네가 먹느냐의 문제에 골몰합니다. 사람들도 늑대보다 현명하지 못합니다. 협상을 투쟁으로 인식하고, 승리 아니면 패배만이 있다고 생각합니다. 이러한 동물적인 협상을 극복하는 것이 윈윈협상입니다.

'윈윈(win-win)협상'은 말 그대로 "양쪽 모두 이기는 협상" 입니다. 즉, 양측 모두에 이익이 돌아가는 호혜적이고 상생적인 협상입니다. 이는 쌍방이 나누어 가질 파이 자체를 늘리는 것(positive sum)에 의해 가능합니다. 그래서 윈윈협상을 '파이늘리기' 협상이라고도 합니다. 윈윈협상은 당사자의 표면적 입장 뒤에 숨어있는 '진정한 이익' 에 입각한 협상이라 하여 '이익협상' 이라고도 합니다. 윈윈협상의 반대는 '패패(lose-lose)의 협상' 입니다. 쌍방 모두 불이익을 받는 협상입니다. 거래의 타결은 사실상 모두 윈윈협상이라 할 수 있습니다. 양측이 밑지고 거래할 리는 없기 때문입니다. 역으로 거래의 결렬은 '패패의 협상' 이라 할 수 있습니다. 거래 상대방이 이기적 이익에만 골몰해서 투쟁적 전략을 구사하다가 거래가 성사되지 않는 경우가 여기에 해당됩니다. 오늘날의 전쟁은 대부분 '패패의 협상' 에 해당됩니다. 과거처럼 전쟁에 의해 타국의 영토나 자원을 강탈하기 어렵습니다. 그런데 명분, 종교, 의심 등에 입각한 전쟁을 벌려 돈을 낭비하고 인명을 희생하는 것은 '이기고도 지는' 협상이라고 할 수 있기 때문입니다.

어떤 협상이 원래부터 승패적 또는 상생적이라는 원천적인 구분은 없습니다. 파이나누기처럼 보이는 협상에서도 파이늘리기의 소지는 있기 마련입니다. 즉, 같은 협상이라도 협상자가 이기적인 사고방식을 가지고 접근하면 승패적 협상이 될 수 있고 협조적인 사고방식으로 접근한다면 윈윈협상이 될 수 있습니다. 상거래가 결렬된 경우, 거래 쌍방이 자신의 욕심을 조금만 억제하였다면 결렬을 타결로 전환시킬 수 있었을 것입니다. 이와 관련하여 "두 자매의 오렌지 나누기"라는 유명한 협상 이야기가 있습니다. 두 자매가 오렌지를 놓고 서로 많은 몫을 갖겠다고 다투었습니다. 결국 반씩 나누어 가졌는데, 언니는 오렌지의 속만 파먹고 껍질은 버린 반면, 동생은 오렌지 차를 만들려는 것인지 껍질만 챙기고 속은 다 버렸습니다. 만약 오렌지의 속은 언니한테 다 주고 껍질은 동생한테 다 주었다면 파이늘리기가 가능했을 텐데 그러한 기회를 놓친 것입니다.

요즘 윈윈협상은 상투어가 되고 있습니다. 그러나 현실의 협상에서 윈윈협상을 성취시키기는 쉽지 않습니다. 노사협상이든 외교협상이든 협상자들은 협상의 '승리'에 집착하다가 결과적으로 양측 모두 손해를 보는 경우가 많기 때문입니다. 왜 윈윈의 시대라면서 윈윈협상이 잘 안 되는 것일까요? 어떻게 하면 투쟁적 협상의 악습을 극복하고 윈윈협상에 이를 수 있을까요? 이를 위해서는 아래 두 가지 발상의 전환이 긴요하다고 봅니다.

1) 승패의 사고방식을 극복하라

어떤 협상자가 투쟁적 협상을 선호하느냐 또는 상생적 협상을 선호하느냐의 차이는 대개 협상자의 사고방식에 의해 결정됩니다. "인생은 투쟁이다"라는 사고방식을 가진 협상자는 승패적 협상을 선호하고, 상호의존적 사고방식을 가진 사람은 상생적 협상을 선호합니다. 우리는 "만인의 만인에 대한 투쟁"으로 규정되는 오랜 투쟁의 역사를 살아왔습니다. 이러한 투쟁의 경험 속에서 우리는 매사를 승패로 구분하는 타성이 붙었습니다. 그래서 협상도 '투쟁'으로 보고 협상결과를 승리 아니면 패배로 양분하는 고정관념이 우리의 뇌리에 각인되어 왔습니다. 승패가 없으면 오락도 스포츠도 재미가 없어집니다. 그래서 도박이 성행하고 골프도 내기를 해야 직성이 풀립니다.

이러한 승패의 고정관념은 윈윈협상의 적입니다. 승패에 대한 집착은 힘에 의한 일방주의적 협상을 초래하고 이는 윈윈협상을 좌절시킵니다. 이제 상호의존의 시대를 맞아 우리는 승패 양분론에 관한 발상의 전환을 해야 합니다. 예를 들면 "이기기 위해 진다(lose to win)"는 사고방식도 필요합니다. 즉, 윈윈을 실현키 위해, 사소한 이익을 양보할 줄 알아야 합니다. 부부싸움(부부간의 협상)에서 부인에게 "내가 졌다"라고 하는 것은 "이기기 위해 진다"의 전형적 예라고 할 수 있습니다. 이러한 승패의 고정관념을 극복하는 것이야말로 상생을 위한 협상을 성취시키기 위한 전제가 됩니다.

2) 상대 협상자를 신뢰하라

윈윈협상이 이루어지기 위해 가장 중요한 요소는 협상

자간의 신뢰입니다. 쌍방간의 협조에 의해 파이를 키운다는 것이 윈윈협상의 전제이며, 일방에서 배신하여 승패적 전략을 구사하게 되면 윈윈협상은 좌절되어 승패협상으로 환원되기 마련입니다. 따라서 윈윈협상이 성공하기 위한 선결요건은 협상자들간에 좋은 인간관계를 형성하고 신뢰를 쌓는 것입니다. 그러나 사람들이 오랜 투쟁의 시대를 살면서 익숙해진 각종의 집착과 편견은 이러한 신뢰형성을 가로막습니다. 맺힌 마음, 닫힌 마음, 굳은 마음, 선입견 등이 바로 그것입니다. 이런 버릇을 고치는 것이 윈윈협상 실현에 무엇보다 중요합니다. 원수처럼 적대하는 사이에서 윈윈이 불가능한 것은 당연합니다. 과거 우리가 반공을 국시로 삼고 북한과 대치하던 상황에서의 남북관계는 전형적인 투쟁적 협상이었습니다. 그러나 남북관계가 개선되려면 양측은 보다 윈윈적인 접근방식을 모색해야 되겠습니다.

투쟁적 협상이 '성악설'적인 사고방식에 근거하고 있다면, 윈윈협상은 상대방에 대한 '성선설'적 인식에 기초하고 있습니다. 따라서 상대를 의심부터 하고 보는 사람, (상대가 안 보는 때에) 상대를 욕하거나 무시하는 사람 등은 윈윈협상을 할 자격이 없습니다. 과거 투쟁의 시대에는 낯선 사람을 보면 우선 의심부터 하고 보았습니다. 그러나 투명성이 제고되면서, 대개의 의심은 근거 없는 것이 되었음에도 불구하고 우리는 낯선 상대편 협상자를 의심의 눈으로 보는 버릇을 버리지 못하고 있습니다. 이는 이문화간의 협상에서 특히 두드러집니다.

나. 입장협상과 원칙협상

협상을 운영하고 협상자들에게 권한을 위임하는 방식을 크게 보아 두 가지로 구분할 수 있습니다. 입장협상과 원칙협상이 그것입니다. 이 두 가지 방식 중 어떤 방식을 택하느냐에 따라 협상의 성공 여부, 윈윈협상의 달성 여부, 협상자의 창의적 아이디어의 발휘 등에 큰 차이가 생길 수 있습니다.

'입장협상(Positional Negotiation)'은 입장에 따른 협상입니다. 상부에서 협상자에게 경직되고 세부적인 훈령(예: 이 선 아래로는 양보하지 말라)을 내리고 이에 입각해서 협상하는 것입니다. 이러한 협상은 경직되기 마련입니다. 양측이 경직적인 입장을 고집함에 따라 입장협상은 교착상태에 놓이기 쉽습니다. 그러면서 체면이나 감정문제가 개입되기 쉽습니다. 결국 이러한 협상은 승패적·대결적인 것이 되기 쉽습니다. 협상자들은 상대를 적대자로 보고, 협상목적은 승리가 됩니다. 이러한 협상이 성공적으로 끝나기는 어렵습니다.

주어진 입장을 앵무새처럼 말하느니, 차라리 e-mail로 입장을 교환하는 것이 낫다는 지적도 있습니다. 최소한 감정적 대립은 피할 수 있기 때문입니다.

그럼에도 불구하고 입장협상은 널리 통용되는 협상방식입니다. 한국의 경우 특히 그렇습니다. 입장협상을 택하는 이유는 여러 가지가 있지만, 가장 중요한 것은 권위주의적인 상명하복(上命下服)의 조직구조입니다. 협상자가 상부의 지시를 받지 않고 자의적으로 협상할 수 없다는 사고방식입니다. 상사가 입장 사수를 특별히 당부하는 경우도 있습니다. 두 번째 이유는 책임회피입니다. 훈령의 준수는 협상을 타결하지 못한 데 대한 변명이 될 수 있기 때문입니다. 반면에 재량을 부여받으면 불안해 하는 협상자도 많습니다. 그러면 어떻게 하면 이러한 입장협상의 버릇에서 벗어날 수 있을까요? 믿을 만한 협상자를 선정해서 그에게 최대한의 권한(authority)을 부여하면 됩니다. 훈령은 기본적인 방향만 제시하고 구체적인 협상조건은 협상자에게 일임하되, 최종타결을 앞두고 전화 등의 방법으로 상부의 최종허가만 받도록 하면 됩니다.

훈령에 나타난 입장이 최선의 입장이라는 보장은 없습니다. 최선의 입장은 상대와의 대화를 통해서 '개발'될 수 있기 때문입니다. 그런데 입장에 집착하다 보면 무엇이 자기측의 '진정한 이익'인지를 망각할 수 있습니다. 나아가 협상자들은 훈령에 집착하느라고 진정한 이익을 증진시킬 창의적인 윈윈대안(상생적 타결을 위한 창의적 아이디어)을 구상해 낼 여유가 없습니다. 입장협상에 대칭되는 것이 '이익협상(interest-based negotiation) 또는 원칙협상(principled negotiation)' 입니다. 입장에 나타난 이익이 아니라 '진정한 이익, 전반적인 이익' 에 입각하여 윈윈협상을 추구하는 것입니다. 상대를 적으로 보기보다는 공동의 문제해결자로 보고 상호 '이익' 의 극대화에 초점을 맞추는 것입니다.

입장협상이 상호 입장에 초점을 맞추는 데 비해 원칙협상은 이익에 초점을 맞춥니다. 원칙협상은 협상 첫 단계부터 입장의 흥정보다는 타결의 원칙에 합의하는 데 주력합니다. 쿠바미사일 위기 당시에 미소 양측이 "쿠바 내 소련 미사일 즉각 철수"와 "철수 불가"라는 '입장' 으로 계속 대치했더라면 정말 제3차 세계대전의 위기가 도래했을 지도 모릅니다. 그런데 케네디 대통령이 쿠바 불침공 선언으로 소련에게 입장협상에서 탈출할 명분(입장을 양보할 체면)을 주고 소련이 자국의 '진정한 이익' 을 생각하게 만듦으로써 위기탈출에 성공한 것은 입장협상과 원칙협상에 관한 역사적 사례입니다.

입장협상을 원칙협상으로 바꾸기 위해서는 우선 "게임의 성격을 바꿔야" 합니다. 즉, 승패협상을 윈윈협상으로 바꿔야 합니다. 전통적으로 라이벌 관계에 있던 독일과 프랑스를 오늘날 EU회원국으로서 협력관계로 바꾼 것이 그 단적인 예입니다. 이처럼 게임을 바꾸기 위해서는 입장의 고수에서 탈피, 창의적인 윈윈협상으로 옮겨가는 용기가 핵심입니다. 그럼에도 불구하고, 아직도 입장협상이 협상의 주류를 이루고 있습니다. 이는 협상을 승패로 구분하는 투쟁의 시대의 버릇(mentality) 때문입니다. 근원적 이익에 입각하지 않고, 경직적인 입장에 입각하여 협상하는 버릇을 버리지 못하고 있기 때문입니다. 한국과 일본은 각각 월드컵을 유치하라는 훈령에 따라 치열한 경쟁을 벌였습니다. 이는 전형적인 승패적 협상이었습니다. 그러나 결국 월드컵을 공동주최한다는 타협안에 합의했습니다. 양국은 이로 인해 막대한 개최비용을 분담할 수 있었습니다. 이것은 전형적인 원칙협상이었습니다. 인질석방 협상에서 "테러리스트와 협상하지 않는다"는 훈령이나 "무슨 일이 있어도 인질을 구하라"는 훈령이 있다면 이는 입장협상이 될 수밖에 없습니다.

원칙협상을 하기 위해서는 우선 서로의 '진정한 이익'을 파악하는 것이 중요하며, 상대의 '진정한 이익'을 파악하기 위해서는 상대의 말을 경청하고 질문을 하는 것이 중요합니다. 나아가 자신의 진정한 이익을 솔직, 정확하고, 구체적으로 상대에게 설명하면서 상대로부터 같은 설명을 요청해야 합니다. 과거에 연연하지 말고 과거지사를 덮어두는 것도 중요합니다. 협상수석대표가 협상에 맨손(paperless)으로 참석하는 것도 방법입니다. 이는 입장에 구애받지 않고 신축적으로 모든 건설적 제안(option)을 열린 마음으로 검토하겠다는 제스처입니다. 수석대표 선에서는 아이디어 중심으로 협의하고, 세부사항은 추후 문서화 단계에서 (변호사 등에 맡겨) 협의하겠다는 신축적 태도의 표시이기도 합니다.

협상은 쌍방이 하는 것이므로 나만 입장에서 탈출한다고 되는 것이 아닙니다. 상대도 원칙협상으로 인도해야 합니다. 이를 위해서는 협상을 '입장의 교환'으로 몰고 가서는 안 됩니다. 경직된 입장을 주고받기보다는 다양한 가능성을 추출하면서 창의적 윈윈대안을 강구하는 것이 선행되어야 합니다. 무역과 투자는 그 자체로서 호혜적인 윈윈협상입니다. 비교우위의 원리에 따라 양측 모두 이득을 얻을 수 있기 때문입니다. 그런데 무역이나 투자에 관한 협상을 입장의 틀에 얽매이게 하면 이러한 이득이 실현되기 어렵습니다.

원칙협상은 '유약한 협상'과는 다릅니다. 상대가 승패협상의 버릇을 계속 유지하면, 때로는 단호한 태도를 보여줄 필요도 있습니다. 제2차 세계대전의 발발 직전에 영국의 쳄벌레인 수상은 히틀러를 '달래려고' 유화적인 협상을 계속하다가 실패하였습니다. 이것은 원칙협상이 아닙니다. 원칙에서 어긋나는 상대에게 따끔한 맛을 보여줄 수 있어야 원칙협상입니다. 앞서 말한 쿠바미사일 위기에서 케네디 대통령이 취한 해상봉쇄와 같은 것이 원칙협상의 전형이라 하겠습니다.

원칙협상은 눈치 보는 협상도 아닙니다. 파이늘리기만이 원윈을 가져온다는 확신(commitment)에 입각한 협상이라야 합니다. 예컨대 노사협상에서 밀고 당기기 식의 '흥정협상'은 성공하기 어렵습니다. 상대에게 확신을 심어주지 못하기 때문입니다. 이것 보다는 경영측에서 회사의 사정을 솔직하고 분명하게 공개하면서 확고한 입장을 제시하는 것이 원칙협상입니다. 옛날 서희 장군이 침공하는 거란군을 설득할 수 있었던 이유도 '확신'과 '진정한 이익에 입각한 협상' 덕분이었습니다. 서희 장군은 거란군 침공의 진짜 목적이 영토확장이 아니라 송나라를 침공하기에 앞서 배후의 위험요소를 제거하기 위한 것임을 간파하고 여진족 정벌계획을 확신을 가지고 설득하면서 영토에 관한 흥정협상을 일축했습니다.

3 성공적 협상을 위한 마음가짐

우리는 오랫동안 승패협상 내지 입장협상에 익숙해져 왔습니다. 그래서 나도 모르게 승패협상 · 입장협상의 버릇이 나오기 쉽습니다. 이러한 버릇을 고치고 협상을 성공적인 윈윈협상 · 원칙협상으로 이끌기 위해서는 몇 가지 유의해야 할 요소들이 있습니다. 이하에서는 이 분야의 전문 학자들[1]이 제시하는 윈윈 · 원칙협상을 성사시키기 위한 요령과 마음가짐에 관한 현실적인 지침을 간략히 설명하고자 합니다. 이러한 협상의 마음가짐은 분쟁해결 협상뿐 아니라 거래를 성사시키는 협상에서도 중요합니다.

가. 감정문제와 실질문제의 분리

상대편 협상자에 대한 감정 때문에 협상이 영향받는 경

1) Roger Fisher and William Ury, *Getting to YES*(Penguin Books, 1991); William Ury, *Getting past NO*(Bantam Books, 1991).

우가 많습니다. 사람들은 문제와 인간을 동일시하는 경향이 있기 때문입니다. 그래서 감정은 감정을 낳고 협상은 교착상태에 이르기 쉽습니다. 그러나 우리가 추구하는 '진정한 이익'은 감정 대립에서 승리하는 것이 아닙니다. 우리의 이익은 협상의 타결입니다. 그런데 감정의 악화 때문에 진정한 이익을 추구하지 못하게 된다면 이는 실패한 협상입니다.

이에 대한 1단계 대책은 "감정문제와 실질문제를 분리"시키는 것입니다. 구멍가게 주인이 과자를 훔치려다 들킨 아이에게 야단을 치고 망신을 주는 것이 "사람과 문제를 동일시"하는 것이라면, 과자만 회수하고 아이를 좋은 말로 타일러서 보내는 것이 "사람과 문제의 분리"라고 할 수 있습니다.

"사람이 아니라 문제에 집중"하는 것이 두 번째 대책입니다. 감정 문제가 개재될 여지를 봉쇄하고 실질문제에 관한 해결책을 찾기 위한 열띤 토론에 주력하는 것입니다. 이러한 토론에서 잘잘못을 따지기보다는 문제의 해결에 초점을 맞추어야 합니다.

나. 인간적 접근의 중요성

실질문제에 집중한다 해서 감정문제를 계속 방치해 두

면 최종적인 협상타결에 걸림돌이 될 수 있습니다. 따라서 '인간적 접근'은 협상타결에 무엇보다 중요합니다. 인간적 접근은 상대방에게 다가가서 상대방의 무장(武裝)을 해제시키는 것에 해당합니다. 협상 테이블에서 할 수도 있지만, 협상의 바깥에서 비공식적으로 하는 것도 좋습니다. 예컨대 상대 협상자와 맥주를 마시면서 격의 없는 대화를 주고받는 것이 그것입니다.

무장해제를 위한 비공식 대화의 생명은 의외성(surprise)입니다. 뻔한 얘기나 상투적인 얘기는 소용이 없습니다. 상대를 칭찬하는 아첨이나 립서비스(lip service)는 없는 것보다는 낫겠지만 상대방이 아첨인줄 알고 있다면 그 효과는 반감됩니다. 무장해제의 효과가 가장 좋은 것은 솔직성입니다. 특히 내가 먼저 상대에게 나의 감정이나 내가 알고 있는 정보를 솔직히 토로하는 것이 좋습니다. 비밀은 없을수록 좋습니다. 특히 어차피 상대가 곧 알게 될 비밀 아닌 비밀은 먼저 얘기해 주는 것이 좋습니다. 자신을 비하하는 얘기를 하거나 자신의 콤플렉스를 밝히면서 서로간의 거리를 좁히는 것도 의외성에 해당됩니다. 공식회의에서 양측이 얼굴을 붉힌 일이 있었던 경우, 상대의 허물을 전혀 거론하지 않고 자기측의 잘못을 사과하는 것도 의외성입니다. 비공식 회합 내내 다른 얘기만 하고 진행중인 협상에 관한 얘기는 전혀 꺼내지 않는 것도 의외성입니다.

협상 테이블에서의 태도도 인간적인 접근이 중요합니다. 우선 상대의 말을 경청하는 태도는 인내는 자제가 수반되는 아주 귀중한 자산이라 할 수 있습니다. 특히 발언시 눈을 맞추면서 경청하고 가끔 고개를 끄덕이거나 "그렇군요," "알겠습니다" 등 맞장구를 치고 "이것이 이런 의미인가요"라고 묻기도 하는 능동적 경청은 인간적 접근을 위한 유력한 방법입니다.

다. 창의적 윈윈대안의 강구

승패협상을 윈윈협상으로 전환하기 위해서는 파이를 늘리는 새로운 방안이 강구되어야 합니다. 즉, 단순히 파이를 공평하게 나누는 것이 아니라 전혀 새로운 상생의 해결책이 필요합니다. 예를 들면, Sinai 반도의 처리에 관한 Camp David 협상에서 양측은 단순히 Sinai 반도를 중간선에서 나누는 파이나누기 방식을 채택하지 않았습니다. 이집트는 영토회복이 주된 관심사항이었고 이스라엘은 안전보장이 주된 관심사항이었음을 감안, 중재자격인 카터 미 대통령은 이집트가 영토를 차지하되 이스라엘과의 국경에 비무장지대를 설치하여 이스라엘의 안보를 보장하는 창의적 대안을 제시, 협상을 성공리에 마무리한 바 있습니다. 파이를 갈라서 서로 큰 쪽을 갖겠다고 싸우는 두 아이에게 "파이를 자르는 사람은 우선선택권이 없다"고 한다면 이것도 창의적 윈윈대안입니다. 파이를 자르는 아이는 파이가 공평하게 나누어지도록 각별히 신경을 쓸 것이기 때문입니다. 남편은 휴가를 골프장 근처로 가기를 원하고 부인은 해변에 가기를 원할 경우, 윈윈대안은 골프장 있는 해변에 가는 것이 될 것입니다. 야구선수 연봉협상에서 선수가 오랫동안 선수생활을 하는 데에 관심이 있다면 연봉을 다소 줄이되 계약기간을 늘려 직업안정을 확보해 주는 것이 창의적 대안이 될 것입니다.

창의적 윈윈대안을 생각해 내는 능력은 교섭자의 가장 중요한 능력입니다. 그러나 창의적 대안의 강구는 쉽지 않습니다. 우선 창의적 대안은 상대와 '함께' 개발하는 것이 좋습니다. 따라서 협상 쌍방이 문제를 일방적으로 해결하지 않고 공동으로 해결한다는 인식을 갖는 것이 중요합니다. 또한 파이의 크기가 정해져 있고 파이나누기는 불가피하다는 생각, 즉 '고정적 파이의 가정'을 버리는 것이 중요합니다. 그 밖에도 창의적 대안 개발의 실천을 위해서는 아래와 같은 단계를 밟는 것이 필요합니다.

1) 아이디어 제시와 결정을 분리하라

협상(입장 제시)에 앞서 우선 모든 아이디어를 내놓고, 유망한 아이디어를 선정하여 점점 더 개발시키는 작업을 선행시킵니다. 제시된 아이디어는 어느 편의 입장이 아니라 '가능성'에 불과합니다. 공동의 창의적 아이디어를 발굴하기 위한 노력일 뿐입니다. 이는 협상보다는 세미나에 가깝습니다. 이러한 회합은 비공식적인 '뇌폭풍(Brainstorming)' 형식으로 상대편과 함께 모이는 것이 좋습니다. 휴양지 등 평소와 다른 환경에서 소그룹으로 개최하고 복장이나 호칭 등에서 비공식성을 최대한 살리는 것이 좋습니다. 양측이 마주보고 앉지 않고 섞여서 앉아서 엉뚱한 아이디어를 얘기하기도 하고 고민을 털어놓기도 합니다. 이러한 과정을 거쳐 상대의 진정한 이해가 무엇인지를 파악하고 다수의 옵션(option)을 강구합니다. 물론 이러한 옵션들은 파이나누기에 관한 아이디어가 아니라 파이를 크게 하기 위한 아이디어입니다. 협상은 이러한 옵션들을 대상으로 추후에 진행합니다. 파이를 크게 하면 나누기도 쉬워집니다. 노사협상에서 우선 산출(이윤)을 크게 하도록 합의하면 나누기도 쉬워지는 것과 마찬가지입니다.

2) 공통의 이해관계를 찾아라

창의적 대안을 찾기 위해서는 공통의 이해관계를 찾는 작업이 선행되어야 합니다. 사실 이러한 공통의 이해관계는 모든 협상에 잠재해 있습니다. 요즘은 상호의존의 시대입니다. 공유이익은 사방에 널려 있습니다. 특히 무역과 투자 등에 관한 협상은 그 자체가 이익공유적 협상입니다. 그러나 이러한 기회는 스스로 선택하지 않으면 축복이 되지 못합니다.

3) 차이를 활용하라

양측의 '차이'가 곧 공통의 이해관계로 되는 경우가 많습니다. 앞서 말한 "아이들의 오렌지 나누기"에서 오렌지의 속이 필요한 아이와 껍질이 필요한 아이의 차이가 분쟁해결의 실마리였습니다. 값이 오르리라고 생각하는 사람과 내리리라고 생각하는 사람이 있어서 선물(先物)시장이나 외환시장이 성립됩니다. 야구선수의 연봉을 책정함에 있어 선수는 차년도 구단의 성적에 관해 낙관적이고, 구단은 비관적이라면 이 차이에 착안하여 성과급을 도입함으로써 양측 모두 만족하는 창의적 대안을 도입할 수 있습니다.

4) 상대에 대한 배려를 하라

자신의 눈앞의 이해에 집착하여 상대를 배려치 못하는 것은 협상실패의 지름길입니다. 이는 인생 실패의 지름길이기도 합니다. 내가 상대라면, 어떤 욕구, 어떤 우려를 갖겠는지를 생각하는 것, 즉 "다른 사람의 입장에서 생각하라"는 것은 윈윈협상을 성공시키는 필수조건입니다. 이는 해외투자기업이 특히 염두에 두어야 할 유의사항이기도 합니다. 이기적 추구에 급급할 것이 아니라 자신이 얻고자 하는 것을 얻으려면 상대도 얻게 해야 합니다. 이것은 상대를 계속 거래할 동반자 내지 친구로 만드는 길이기도 합니다. 상대의 체면(자기 조직에서 질책받을 가능성)을 고려하여 협상결과를 승패로 정의하지 말고, 양쪽의 승리로 정의하는 배려도 중요합니다.

5) 발상을 전환하라

구태의연한 발상으로는 창의적인 윈윈대안을 강구할 수 없습니다. 굳은 생각과 구식 패러다임은 창의성의 적이고, 의외성과 신축성은 창의성의 친구입니다. 과거에 연연하지 말고 미래를 내다보고, 앞서 가는 것이 중요합니다. 유럽 국가들이 군비경쟁에 몰두하고 있는 상황에서 소국 스위스가 정규군을 폐지하고 영세중립국이 되어 평화와 번영을 구가해 온 것은 전형적인 창의적 윈윈대안이라 할 수 있습니다.

라. 평정의 회복

협상 테이블에서 말의 공방(tit-for-tat)을 계속하는 것은 비생산적인 경우가 많습니다. 특히 상대의 말에 대해 즉각적인 반응을 보이는 것은 금물입니다. 상대의 즉각적인 대응을 초래하여 말싸움으로 번지기 쉽기 때문입니다. 이처럼 협상이 말싸움으로 번질 때의 대책이 상대의 말(특히, 공격적인 말)에 대해 반응을 하지 않는 것입니다. 상대의 공격적 발언을 알아듣지 못한 것처럼 더듬수를 쓰면서 실질문제에 관한 협상으로 돌아갑니다. 그럼으로써 공격·반격의 비생산적 악순환을 "일방적으로" 깨는 것입니다. "화가 났을 때는 말하기 전에 10을 세고, 매우 화가 났을 때에는 말하기 전에 100을 세라"는 토마스 제퍼슨의 경구도 이를 지적한 것입니다. 이는 부부싸움(협상)의 경우에도 적용될 수 있습니다. 말싸움을 계속하기보다는 무대응이 최선의 대응일 수 있습니다. 오 헨리의 단편소설 *The Ransom of Red Chief*에서 인질범들의 석방금 요구에 대해 부모들이 계속 무반응으로 일관하자 인질범들이 몸이 달아서 거꾸로 돈을 낼 테니 아이를 데려가라고 사정하는 것은 이러한 무반응 전략의 표본이라 할 수 있습니다. 인질이 억류되면 언론 등에서 법석을 떨어서 인질범들을 격려하고 인질금만 부풀리는 우리와는 대조가 됩니다.

협상이 교착상태에 빠지거나 감정적으로 격동을 느낄 때의 대책도 이와 유사합니다. 협상에서 잠시 벗어나 "발코니로 나가는" 것입니다. 물론 말 그대로 발코니로 가라는 것은 아닙니다. 생각을 정리할 시간을 가지라는 것입니다. 협상의 세부내용에서 탈피하여 협상경과를 전반적 · 객관적으로 조감해 보고, 양측의 이익을 거시적으로 생각해 보면서, 협상을 윈윈협상으로 이끌 방안을 생각해 보는 것입니다. 협상중에 휴식(break)을 자주 갖는 것도 좋습니다. 이러한 휴식시간에 같은 대표단원들이 모여서 의견도 교환하고 협상경과를 점검하는 것은 사실상 집단으로 "발코니에 가는" 것에 해당합니다.

인간은 즉각 반응하는 동물입니다. 상대의 말에 대해 즉각 역습을 가해야 직성이 풀리며, 이러한 즉각 대응을 협상의 기술이라고 생각하기도 합니다. 그러나 즉각 대응은 대결의 악순환을 초래합니다. 그리고 즉각 반응 속에서 협상자들은 감정에 치우쳐서 정작 중요한 자신의 진정한 이익은 망각하기 쉽습니다. 원래 동양사상은 '비움'에 입각하고 있기 때문에 동양인들은 공백을 중히 여기고 상대에게 즉각 반응하지 않는 편입니다. 이것이 동양협상자들의 비교우위가 되기도 합니다. 예컨대 파리에서 개최된 베트남 전쟁 종전협상에 앞서 대표단 숙소를 구하는데 미국은 1주일 내외를 예약한 데 반해 베트남은 아예 1년간 콘도를 예약했습니다. 그러나 한국협상자들은 이러한 동양식 협상의 이점을 살리지 못하는 것 같습니다. 빨리빨리의 버릇 때문입니다. 우리야말로 '쉼'과 '비움'의 협상철학을 수련할 필요가 절실하다고 생각합니다.

마. 협상 틀의 변경

"게임을 바꾼다"는 것은 협상의 양상을 입장협상에서 윈윈협상으로 바꾸는 것을 의미합니다. 그러나 상대가 '입장'협상을 고집한다면 어떻게 할까요? 이에 대한 해결책으로는 우선 협상의 형태나 틀(frame)을 바꾸는 방안이 있습니다. 앞서 말한 "뇌폭풍 협상" 등 전혀 다른 협상방식을 도입하는 것이 그것입니다.

그러나 이처럼 협상방식을 바꾸지 않고도 '조용히' 게임을 바꾸는 방식이 있습니다. '질문'을 통한 방식이 대표적입니다. 질문을 통해 상대로 하여금 자신의 진짜 '이익'이 무엇인지를 파악하도록 유도해서 불필요한 입장 대립에서 벗어나도록 인도하는 것입니다. 이 경우 상대를 가르치려 해서는 안 됩니다. 상대가 스스로 깨우치도록 해야 합니다. 자신이 말을 많이 해서도 안 됩니다. 질문을 통하여 상대가 말을 많이 하도록 유도해야 합니다.

협상을 이익협상 내지 문제해결협상으로 자연스럽게 유도하는 질문들에는 아래와 같은 것들이 있습니다.

1) 상대의 '이익'이나 '문제'가 어디에 있는지를 솔직하게 직접 질문하는 것도 방법입니다. "무엇이 문제인가? 왜 그런가? 무엇이 귀측이 우려하는 것인가?" 등이 그것입니다. 이러한 질문을 통해 대화의 초점이 자연스럽게 '입장'에서 '이익'으로 전환되는 것을 노리는 것입니다. 이러한 질문을 하면서 내가 먼저 고해성사를 하는 것이 좋습니다. 나의 이익이나 문제를 먼저 털어놓음으로써 상대의 상응조치를 유도하는 것입니다. 반면에 Yes/No로 대답할 수 있는 질문은

금물입니다. 이러한 질문은 입장협상으로 인도하기 쉽기 때문입니다.

2) '가설적' 질문도 좋습니다. "만약 이런 상황이라면 어떻게 하겠는가?" 또는 "이러한 가설적인 해결방안에 대해 어떻게 생각하는가?" 등의 질문이 그것입니다. '가설적' 질문이기 때문에 상대의 '입장'에 대한 훈령이 없을 것이므로 상대는 보다 창의적으로 자신의 근원적 입장에 비추어 생각해 보게 될 것입니다. 또한 '가설적' 문제이기 때문에 답변하는 데 부담이 적어 보다 솔직한 반응이 가능할 것입니다. 사실상 새로운 제안을 "만약 이렇다면(what if?)" 식의 질문에 의해 도입하여 "게임을 바꾸는" 계기를 마련할 수도 있습니다.

나아가 이러한 질문은 논의를 사실상 '뇌폭풍' 식 논의로 바꾸고 양측이 입장보다는 새로운 아이디어에 몰두하는 결과를 초래할 수 있습니다.

사람들은 말하려는 자연적 욕구가 있습니다. 그러나 이것을 가급적 억제하는 것이 협상의 기술입니다. 말을 억제하는 좋은 방법 중 하나가 "당신의 아이디어를 단정적으로 말하기보다는 질문하라"는 것입니다. 불쑥 나서서 질문하는 것보다 "당신의 아이디어에 기초해서…" 등으로 맞장구를 쳐주거나 또는 "우리가 아까 이야기한 것에 대한 후속문제로서…" 등으로 말하면서 연계를 강조하는 것이 좋습니다.

3) 상대에게 조언을 청하는 것도 방법입니다. 한 수 가르쳐 달라고 해서 상대의 에고(ego)를 만족시키면서 상대가 자신의 근원적 이익을 생각해 보도록 유도하는 것입니다. 미국 상원에서 SALT II 협상의 비준이 문제되던 상황에서 미국의 Biden 상원의원이 소련의 Gromyko 외상을 면담하여 자신의 입장을 제시하지 않고 Gromyko의 조언을 구하자 그로미코는 '조언' 하는 과정에서 소련측 입장의 일부수정 필요성을 깨닫게 되었다는 것은 '기대기 전법' 의 전형적인 사례입니다.

바. 상대의 각성 유도

상대가 승리만을 염두에 두고 위협, 거짓말, 책략 등 '승패적 협상술' 을 구사할 때에는 어떻게 대응해야 할까요? 이에 대한 가장 유력한 대응책은 의연하고 일관된 원칙에 입각한 협상을 전개하는 것입니다. 이는 깡패와의 협상일수록 힘에 대한 굴복, 막후절충, 입막음 등보다는 원칙협상에 충실할 필요가 있는 것과 같은 맥락입니다. 또한 이러한 협상을 효과적으로 수행하기 위해서는 목청을 올리거나 감정적으로 대응해서는 안 되며, 조용히 경고하면서 원칙을 설득해야 합니다. 인질협상의 경우, 고위급의 협상단을 파견한다거나 언론이 대대적으로 보도하는 것은 인질의 몸값만 올려놓는 결과를 초래합니다. 이는 아이가 우는데 여러 사람들이 나서서 달래면 기가 더 사는 것과 마찬가지입니다.

협상에서 상대의 요구를 들어주기만 하는 것은 좋은 협상태도가 아닙니다. 떼를 쓰는 손자에게 '오냐오냐' 하면서 응석을 받아주는 것과 마찬가지입니다. 필요하면 '교육용'으로 힘을 사용해야 합니다. 즉, 따끔한 맛을 보여줘야 합니다. 아이들의 요구에 대해 들어줄 수 있는 것과 없는 것을 명확히 알려줘야 합니다. 그러나 이러한 힘은 교육용, 경고용으로 사용해야지 위협용으로 사용해서는 안 됩니다. 이러한 힘은 상대를 굴복시키기 위해 사용할 것이 아니라, 상대를 "정신 차리게" 하고 협상 테이블에 복귀하도록 하기 위해 사용해야 합니다. 즉, 상대가 타결 실패의 결과를 인식하도록 유도하기 위해 사용해야 합니다. 예컨대 협상에 변호사를 참석시키는 것은 여차하면 법적 절차에 회부하겠다는 경고입니다. 쿠바미사일 위기시에 케네디 대통령이 해상봉쇄를 명령한 것도 교육용 경고의 예입니다. 그러나 교육용 경고에 불필요하게 큰 힘을 쓴으면 곤란합니다. 쿠바미사일 위기 당시에 케네디 대통령이 군부의 쿠바 공습건의를 묵살한 것은 적절한 조치였습니다.

반대로 너무 왔다 갔다 하는 눈치협상은 경계해야 합니

다. 이는 자신의 약점을 노출하는 것이며, 상대방은 귀하의 협상태도에 비추어 좀더 강한 압력을 가하면 더 큰 양보를 얻어낼 수 있다고 생각할 것이기 때문입니다. 이러한 경우에는 차라리 최후통첩 식으로 대응함이 나을 것입니다. 주은래와 키신저는 어느 협상에서나 딱 한 번만 양보한다는 원칙을 세워두었다 합니다. 그러나 이러한 단호한 대응은 진실에 입각한 것이라야 설득력을 갖습니다. 단순한 블러핑은 금방 들통이 나기 마련입니다.

사. 퇴로의 개방

"퇴로를 열어주라"는 것은 손자병법에 나오는 이야기입니다. 위기에 처한 상대를 몰아붙여서 마지막 발악을 하게 만들지 말고(궁지에 빠진 쥐가 발악을 하게 만들지 말고) 퇴로를 열어주라는 것입니다. 협상에서 상대가 호혜적인 윈윈대안에 마음이 기울었으나 입장과의 사이에서 갈등을 하고 있을 때, 상대를 몰아붙여서 상대의 체면을 잃게 만들지 말고 상대에게 여유를 주라는 것입니다. 오히려 상대방이 합의의 장애물을 극복토록 도와주는 것도 좋습니다.

상대에게 여유를 주지 못하는 이유는 내가 승리에 급급하기 때문입니다. 즉, 빨리빨리 타결을 서두르기 때문입니다. 단번에 모든 문제에 관한 합의를 이루려고 하는 조급함 때문입니다. 점진적으로 쉬운 것부터 합의하지 않고 일괄타결을 서두르는 태도 때문입니다. 정작 좋은 협상태도는 매 단계마다 시간여유를 두고 그간의 진전을 점검하되 최종합의(commitment)는 마지막 순간까지 유보하는 것입니다. "모두가 합의될 때까지는 아무 것도 합의된 것이 아니기(Nothing is agreed until everything is agreed)" 때문입니다. 이는 협상뿐 아니라 인생 전반에 적용되는 것이기도 합니다.

이를 "금문교(Golden Bridge)를 건설해라"라고도 합니다. 합의를 이루는 데 있어 상대방의 기여를 강조하는 것도 중요합니다. 이는 상대방이 체면을 세우고 입장협상에서 벗어나는 데에 도움이 되기 때문입니다. 상대의 체면을 살려주기 위해서는 합의를 형성하는 데에 대한 상대의 기여를 강조하는 것이 중요합니다. 합의결과를 발표하는 데 있어서도 상대방의 역할을 부각시키는 것도 중요합니다. 합의결과를 공동명의로 발표하는 것도 좋습니다. 우리는 보통 수석대표 명의로 결과를 발표합니다. 이러한 구습을 탈피하여 상대방과 함께, 그리고 대표 모두의 명의로 합의결과를 발표하는 것이 좋습니다. 누구나 자신이 만드는 데 일조한 합의는 적극 지지하기 마련입니다. 승리를 상대에게 돌리는 것도 중요합니다. 이를 가리켜서 "상대의 승리연설 작성에 협조한다"라고도 합니다.

4 조　　정

조정(mediation)은 분쟁 당사자간의 협상에 제3자가 개입하여 협상타결을 촉진하는 것입니다. 조정 또는 조정인을 수락할 것인지 여부는 협상 당사자들에게 달려 있습니다. 조정은 사적인 절차이며, 조정인은 분쟁의 해결을 '도와주는' 제3자일 뿐 합의에 대한 결정권한은 전혀 없습니다. 즉, 조정에는 강제적 요소는 전혀 없습니다. 당사자간 협상에 제3자가 개입하여 협상을 촉진시키는 것에 불과합니다. 따라서 협상타결의 주체는 쌍방 당사자들입니다.

조정인(mediator)의 주된 임무는 쌍방 분쟁 당사자들을 도와 합의에 이르게 하는 것입니다. 조정인은 우선 쌍방의 입장을 충분히 들은 후에 쟁점을 파악해야 합니다. 이를 위해 조정인은 당사자들과 수차의 협의를 갖는 것이 보통입니다. 당사자들이 서로 만나기를 꺼려할 경우에는 당사자 상호간의 의사소통(communication)을 중계하는 중간자(middleman)의 역할을 담당하기도 합니다. 이러한 제반 협의결과를 토대로 조정인은 분쟁해결에 관한 창의적인 조정(안)을 제시하는 것이 보통입니다. 이러한 조정안을 쌍방이 수락하면 조정이 성립합니다.

조정은 판결처럼 승리를 목적으로 하는 것이 아니기 때문에 당사자의 이익을 충족하는 윈윈협상으로 인도되기 쉽습니다. 따라서 조정은 당사자들이 서로 오랜 관계를 유지해 오다가 분쟁이 발생하였으나 당사자간 협상에 의한 해결에 실패한 경우 등에 특히 유용합니다. 조정은 판결처럼 일방적인 결과보다는 상호이익을 바탕으로 한 호혜적인 결과를 도출합니다. 따라서 당사자들은 자신들이 서명한 조정결과를 기꺼이 받아들이고 이행하게 됩니다.

조정인은 쌍방 당사자의 합의에 의해 선임합니다. 당사자들이 조정의 필요성에는 동감하면서도 조정인에 관한 합의에 실패하여 조정에 의한 분쟁해결의 기회를 놓치는 경우가 종종 있습니다. 조정인은 명망 있는 인사 중에서 선임하기도 하고 조정의 전문가를 선임하기도 합니다. 조정인의 사회적 영향력에 따라 조정의 범위가 넓어질 수도 있고 좁아질 수도 있습니다. 이하에서는 조정인의 의무와 권한, 임무, 조정의 절차, 조정의 장단점 등에 대해 살펴보기로 하겠습니다.[2)]

---

2) 조정에 관한 부분은 김경배 저, 「국제무역분쟁과 ADR」(2005, 무역경영사)을 참조했음을 밝힙니다.

가. 조정인의 의무

1) 중립의 의무

조정자는 중립을 지켜야 합니다. 그러나 중립의무에 너무 충실하다 보면 성공적인 조정을 하지 못하는 경우가 있습니다.

2) 비밀유지의 의무

조정인은 비밀유지의 의무를 집니다. 조정과정에서 제시된 정보를 누설해서는 안 됩니다. 이러한 비밀보호에 관한 합의서는 조정절차가 개시되기 전에 서면으로 작성되는 것이 보통입니다. 그러나 정보를 제공한 당사자의 동의가 있으면 정보를 공개할 수 있음은 물론입니다. 비밀유지는 조정절차에서 당사자들이 허심탄회하게 진술할 수 있도록 하기 위해 긴요합니다.

나. 조정인의 권한

조정인의 권한은 절차와 안건을 정할 수 있다는 것입니다. 물론 이러한 문제들은 조정인 단독으로 정하는 것이 아니라 당사자들과의 협의를 통해 정합니다. 조정자는 조정의 결론에 해당하는 조정안을 제시할 수 있습니다. 그러나 이 조정안은 비구속적인 것이며, 조정인이 스스로 조정의 결론을 내릴 권한은 없습니다.

그 밖에도 조정자는 강제적 권한이 전혀 없습니다. 어떤 종류의 합의라도 당사자들의 자발적인 의사에 의해 도출되어야 합니다. 따라서 조정은 강제적인 구속에서 벗어나 스스로 분쟁을 하면서 분쟁해결의 전문가에게 조언을 듣는 것이라 할 수 있습니다.

다. 조정인의 임무

조정인의 궁극적 임무는 물론 분쟁을 원만한 타결로 인도하는 것입니다. 그러나 이러한 분쟁의 해결을 위해서는 신뢰구축이 전제가 되어야 합니다. 조정인이 훌륭한 인격(integrity), 적극성, 리더십, 전문적 식견, 유머감각 등을 보여 당사자들이 조정인 및 조정 결과에 대해 신뢰를 갖게 하여야 합니다. 나아가 조정인은 당사자들과 친밀하고 신뢰하는 관계를 구축하여야 합니다. 이러한 능력은 사실상 조정인의 가장 중요한 자질이라 할 수 있습니다.

이러한 조정인 임무의 적절한 수행을 위해 무엇보다 중요한 것은 '청취'의 능력입니다. 즉, 남의 말을 잘 듣는 능력입니다. 이에 관해서는 협상과 관련하여 충분히 설명하였으므로 여기에서는 생략하겠습니다.

라. 조정의 절차(게임규칙)

조정의 규칙(rule of the game)은 양 당사자와 조정인 간의 합의에 의해 정해지는 것이 원칙입니다. 즉, 회의의 시기 및 장소, 비용 분담 협상방식 등이 이러한 게임규칙에 포함됩니다.

마. 조정의 장단점

1) 장 점

조정은 절차가 단순하고 비용이 적게 듭니다. 또한 당사자들이 만족한 가운데 분쟁을 해결할 수 있다는 것도 조정제도의 장점이며 매력입니다. 그러나 조정제도의 최대의 매력은 협상과 마찬가지로 Win/Win의 해결방안을 도출해 낼 수 있다는 것입니다. 이는 Win/Lose에 기초하고 있는 사법절차에 의한 해결과 내조됩니다.

2) 단 점

정식 재판절차를 통한 분쟁해결이 아니기 때문에 사법

기관에 의한 '정의'의 혜택을 받지 못한다는 점이 조정제도의 약점으로 지적됩니다. 특히 경제적 약자와 강자 간의 조정에서 강자가 유리한 입장에 설 가능성도 지적됩니다. 그러나 이는 사법기관이 얼마나 정의수호의 역할을 하는지에 달려있는 문제라 하겠습니다.

5 중 재

중재(arbitration)는 분쟁당사자간의 합의에 따라 사인인 제 3 자를 중재인으로 선정하고 중재인의 판정에 따를 것을 약속하는 분쟁해결 방식입니다. 당사자 쌍방이 일단 중재에 합의하면 중재자(또는 중재재판소)가 내리는 결정(분쟁해결방안)에 복종하여야 합니다. 이러한 의미에서 중재는 말하자면 사적 재판이라 할 수도 있고, 조정에 강제적 요소를 도입한 것이라고 할 수도 있습니다.

중재인의 판정은 최종적입니다. 더구나 중재판정은 단심입니다. 판정결과는 강제성을 가지며, 그 효력도 당사자간의 관계에서는 법원의 확정판결과 동일합니다. 중재는 당사자간의 중재합의에 의해 국가의 재판관할권을 배제하는 제도입니다. 이러한 중재의 준사법적 성격 때문에 당사자는 중재에 회부된 사건을 소송에 의해 다투거나 중재판정 결과를 법원에 제소할 수 없습니다.

중재는 조정의 장점을 살리면서 조정의 약점이라 할 수 있는 강제성의 결여를 보완하고 있습니다. 즉, 중재는 판결의 강제성을 받아들여 조정판정의 실효성을 재판의 수준까지 올리고 있습니다. 반면에 조정은 당사자들의 사적 합의 존중, 단심제 채택에 의한 분쟁의 신속, 경제적인 해결 도모, 비밀유지에 의한 당사자의 적극적 중재절차 참여 등의 측면에서 조정의 장점을 수용합니다. 한편 중재는 당사자들의 조정안 수락 거부로 인해 조정이 무산되는 조정의 약점을 보완한다고 할 수 있습니다. 하지만 중재는 준사법절차로서 조정의 경우와 같은 신축성은 부족합니다. 요컨대 중재가 법적 절차에 가까운 제3자 개입형태라 한다면, 조정은 협상에 가까운 제3자 개입형태라 할 수 있습니다.

중재는 국제상사분쟁을 해결하기 위한 방식으로 오랜 역사를 두고 발전되어 왔습니다. 국제거래 문제에 관한 재판절차의 비효율은 상사중재에 대한 선호를 꾸준히 증가시켜 왔습니다. UN은 1958년에 "외국중재판정의 승인과 집행에 관한 UN협약(일명 뉴욕협약)"을 채택하였으며, 1966년에는 "UN 국제무역법위원회(UNCITRAL)"가 설치되어 국제거래에 관한 통일법 제정을 꾸준히 추진해 왔습니다. 그 결과로 UNCITRAL은 UNCITRAL모델중재법 등 통일 중재법 및 중재규칙 제정에 큰 진보를 이룩하였습니다. 특히 상기 뉴욕협약(한국 등 100여 개국 가입)은 한국에서 내려진 중재판정이 외국에서 승인 · 집행되고, 외국에서 내려진 중재판정이 한국에서 승인 · 집행되는 근거가 되어 중재의 국제적 효력을 강화시키는 데 크게 기여했습니다.

중재에 대한 회부는 당사자간의 합의를 기초로 합니다. 그러나 분쟁이 발생한 후에 중재에 회부한다는 합의를 하는 경우는 드문 편입니다. 대부분의 중재재판 회부에 관한 합의는 사전적 중재합의입니다. 즉 "장래 분쟁이 발생할 경우에는 특정 중재기관에 회부하여 특정 중재규칙에 따라 해결하겠다"는 취지의 중재조항(arbitration clause)을 계약서의 일부로서 미리 합의해 두는 것이 보통입니다. 이러한 중재기관 중에는 '대한상사중재원'이 포함되며, 많은 한국기업이 동 중재원을 중재기관으로 선택하고 있습니다.

중재인의 수는 1-3인 범위에서 당사자간의 합의에 의해 정해지는 것이 보통입니다. 중재인의 선정도 합의에 의해 정할 수 있습니다. 일반적으로는 양 당사자가 1명씩의 중재인을 선정하고 이들 중재자들이 협의하여 제3의 의장중재인을 선정하기도 합니다. 당사자는 중재인 선정을 중재기관에 위임할 수도 있습니다. 당사자들이 중재인 선정에 합의하지 못할 경우에는 법원이 중재인을 선정할 수도 있습니다. 중재인은 법관과 유사한 권한을 가집니다. 판정권, 심리권 및 절차 진행에 관한 권한을 가지며, 법관과 마찬가지로 제출된 증거를 자유심증에 따라 판단할 수 있습니다.

상기는 중재에 관한 개략적인 약술에 불과합니다. 중재 실무를 상세하게 파악하고자 하시는 분께서는 이에 관한 전문서적[3]을 참고하시기 바랍니다.

3) 예를 들면, 김종득 · 김장호 공저, 「무역클레임과 상사중재실무」 (2008, 도서출판 대진) 등을 참고하시기 바랍니다.

6 법적 해결

법적 해결은 현지국의 사법절차를 통한 분쟁의 해결입니다. 그러나 나라마다 법제도가 상이하여 현지투자회사는 소송에서 상대적으로 불리한 경우가 많습니다. 또한 국가별로 사법기관의 효율성에 차이가 많아서 법절차에 시간이 오래 소요되는 경우가 많기 때문에 법절차가 진행되는 동안에 현지투자회사는 사실상의 타격을 입고 법절차는 뒷북을 치는 경우도 많습니다. 따라서 현지투자회사에 관한 한, 법적 해결은 '최후의 피난처(last resort)'에 불과한 경우도 많습니다.

법적 해결을 추구할 경우, 현지국의 변호사 선정은 불가피하며, 또 중요합니다. 그러나 현지국 변호사 중에서 유능하고 믿을 만한 변호사를 선임하기는 쉽지 않은 편입니다. 이와 관련하여 변호사 선임시 유의사항을 몇 가지 예시하면 다음과 같습니다.

가. 대형 법률회사 vs. 소형 법률회사

변호사 수임료가 비싸기는 하지만 일단 대형 법률회사가 안전합니다. 대개 아는 사람의 소개로 거래를 하게 되는 소형 회사는 그 평판을 알 수가 없고, 패소 가능성이 높으며 계약 당시에 요청하지 않은 추가적인 수임료 청구를 하는 경우가 많기 때문입니다.

나. 주재국 정부에 대한 영향력을 주장하는 변호사

개발도상국의 변호사일수록 현지국 정치가나 정부 고위당국자와의 '연계'를 내세우면서 사건 수임을 요청하는 경우가 많습니다(변호사가 스스로, 또는 제3자를 내세워 접근합니다). 그러나 이러한 연계는 증명할 수 없거니와, 또 연계가 있다 하더라도 선거구민, 같은 도시 출신 등 먼 인연에 불과한 경우가 많습니다. 저명한 정치가와 같이 찍은 사진을 사무실에 크게 걸어놓는 경우도 많지만, 이러한 사진은 정치가가 선거운동의 일환으로 찍었거나 의전적 행사에서 찍은 경우 등이 대부분입니다. 나아가 정치가나 고위당국자가 법적 절차에 영향을 미칠 바는 거의 없으므로 이러한 '연줄형' 변호사는 일단 경계하는 것이 좋습니다.

다. 신뢰할 만한 현지인을 통한 변호사 선임

연출형 변호사가 아니더라도 자신이 스스로 나서서 사건을 수임하겠다고 나서는 변호사는 일단 경계하는 것이 좋습니다. 이보다는 자신이 신뢰하는 현지인에게 해당 분야에 전문성과 경험을 가진 변호사를 추천해 달라고 의뢰하여 해당 변호사를 직접 면접, 능력과 열성을 직접 시험해 본 후에 선임하는 것이 좋습니다.

7 재외공관과의 협력

우리 기업들은 정부 또는 재외공관의 도움을 청하는 데에 있어 소극적인 편입니다. 이는 과거 관(官)우위 시대의 유물입니다. 그러나 오늘날 경제통상 문제가 외교의 중심적 과제로 떠오르고 있으며, 우리 기업의 애로해결 지원은 외교의 중심적 과제가 되고 있습니다. 이에 따라 우리 재외공관은 기업의 애로해결을 적극 지원하도록 본부의 지시를 받고 있습니다. 물론 국가간의 관계에서 재외공관이 할 수 있는 일이 있고, 할 수 없는 일이 있습니다. 그러나 국가의 대표로서 대사관의 역할은 KOTRA 등에 비해 광범위합니다. 특히 현지국의 정부기관이 개재되는 분쟁의 해결에 있어서는 보다 적극적인 역할을 할 수 있습니다. 따라서 우리 중소기업들도 이제 관기피적 사고방식을 탈피하여 재외공관을 적극 활용하는 것이 바람직하다고 생각됩니다.

이와 관련, 재외공관이 통상·투자분쟁과 관련하여 중소기업을 지원할 수 있는 범위와 지원하기 어려운 범위를 약술하면 아래와 같습니다.

가. 국제법상 해외진출기업의 보호는 어디까지 가능한가

1) 해외투자기업에 대한 관할권

해외투자기업에 대한 관할권의 소재는 명백합니다. 즉, 현지국법에 따라 설립된 해외투자기업은 현지국의 관할하에 있으며, 현지국의 국내법이 우리 투자기업을 규율하는 근거법이 되는 것이 원칙입니다. 따라서 해외투자기업이 당면하는 분쟁들도 대부분 현지국의 '국내문제'가 되며, 이른바 '국내문제 불간섭'의 원칙상 재외공관은 주재국의 국내문제를 이래라 저래라 할 수 없습니다.

그러나 국내문제 불간섭이란 "강박에 의하여(coercively)" 현지국 정부에 간섭하는 것을 금한다는 것이지 현지국에 협조를 요청하고 호혜적 해결을 도모하는 것을 금지하는 것은 아닙니다. 이런 방식으로 우리 투자기업의 애로를 대변하고 해결을 지원하는 것은 국내문제에 대한 간섭이라 할 수 없습니다. 또한 해외공관이 주재국 당국과 교섭할 수 있는 사안에 관하여 엄밀한 제한이 있는 것도 아닙니다. 나아가 세계화 시대에 '국내문제'의 범위는 좁아질 수밖에 없습니다.

또한 재외공관은 주재국의 고위당국자들에 대한 접근이

비교적 쉬운 편입니다. 따라서 재외공관이 우리의 투자자·무역자의 이익을 위해 뛸 수 있는 범위는 크며 또 늘어나고 있습니다. 따라서 우리의 투자자·무역자들은 대사관의 문턱이 높다는 생각을 버리고 문제가 발생한 경우 대사관에 즉각 연락하고 협조를 구하는 자세가 필요합니다. 또한 대사관의 직원들은 투자기업이 개재되는 모든 문제에 대하여 주재국 당국과 교섭할 수 있다는 적극적 자세를 가져야 한다고 생각합니다.

2) 외교적 보호(자국민 보호)

외교공관은 자국민 보호를 위하여 주재국에 외교적 보호를 요청할 수 있습니다. 자국민이 외국에서 불법적인 취급을 받거나 손해를 입은 경우, 주재국 당국에 이를 호소하여 자국민을 구제토록 요청할 수 있습니다. 외교적 보호에 의해 재외공관이 재판에 간여할 수는 없습니다. 재판은 명백한 '국내문제'이기 때문입니다. 특히 형사사건에 개입하기는 어렵습니다. 그러나 자국민이 가해국의 재판소 등에 의해 적절한 국내적 구제절차를 받도록 요청할 수는 있습니다. 나아가 대사관이 행형(行刑)절차에 개입할 수는 있습니다. 면회를 가기도 하고, 수인에 대한 대우에 관하여 이의를 제기할 수도 있습니다. 외교적 보호는 사실상 외교공관이 자국민을 위하여 현지국 관계당국과 교섭할 수 있는 근거로 널리 활용될 수 있습니다.

나. 어떤 문제를 국가간 문제로 제기할 수 있나

통상 및 투자문제는 WTO협정과 양자협정 등 국가간 조약의 규율을 받으며, 이에 따라 통상 및 투자에 관한 분쟁도 조약의 적용대상이 되는 경우가 많습니다. 다만, 통상 및 투자에 관한 분쟁이 조약의 적용을 받기 위해서는 해당 조치가 "정부기관에 의해 취해진 조치"라야 합니다. 또한 그러한 조치가 WTO 등 조약의 규율대상이어야 합니다. 따라서 정부당국에 의해 취해진 반덤핑 조사, 통관상의 규제 등은 대상이 되지만 민간인에 의한 조치는 대상이 되지 않습니다. 아직 WTO협정의 규율대상이 아닌 독과점 규제 등의 경우에는 대상이 되지 않습니다.

따라서 통상 및 투자분쟁이 발생한 경우, WTO협정 등 조약의 적용 가능성에 대하여 재외공관의 자문을 받는 것이 좋습니다. 이러한 자문의 결과에 입각하여 필요하다고 판단되면 재외공관은 본부에 건의하여 WTO분쟁해결절차 등을 통하여 정부차원에서 문제를 제기할 수 있습니다.

V 분쟁의 유형별 사례

전화위복(轉禍爲福)은 필연이다.
인간은 화(禍) 속에서,
그리고 실패 속에서
배우기 때문이다.
그러나 우리가 화와 실패를
직접 경험할 기회는 많지 않다.
역사와 다른 사람들의 경험에서
배우는 것이 중요한 것은
바로 이 때문이다.

1 국가 이미지관련 사례

가. 세계화와 국가평판의 중요성

세계화 시대에 국가의 평판과 이미지는 기업의 대외경제활동에 심대한 영향을 끼친다. 이러한 국가의 평판과 이미지는 대체로 두 가지 과정을 통해 형성된다.

첫째는 미디어나 인터넷을 통해서이다.

둘째는 그 나라 사람들과의 직접적·간접적 접촉을 통해서이다.

동남아 사람들이 한국에 일하러간 친척을 통해서 한국인에 대해 알게 되는 것이 간접적 접촉의 대표적 사례이다. 세계의 사람들은 이러한 제반 정보에 입각하여 한국과 한국인에 대한 '인식'을 형성한다. 이러한 인식은 눈에 보이지는 않지만 우리 기업의 해외진출의 성패를 좌우할 수 있다.

우선 무역의 경우를 보겠다. 오늘날 각국의 상품간에 기술의 차이나 가격의 차이는 빠르게 줄어들고 있다. 예컨대 어떤 나라의 소비자나 도매상이 TV를 구입하는 경우, 첨단기술상품이 아닌 한 제품의 성능이나 품질에는 큰 차이가 없다.

제품가격에도 별 차이가 없다. 그러면 이 소비자 · 도매상은 어떤 제품을 선호하는가? 대부분의 경우, 자기가 "선호하는 나라"의 제품을 택할 가능성이 크다.

어떤 사업을 수행하기 위해 파트너를 고른다고 가정하자. 인터넷을 두드리면 수없이 많은 합작선이 떠오른다. 그 중에서 누구를 고르겠는가? 이것 또한 다른 조건이 비슷하다면 자기가 선호하는 국가, 평판이 좋은 국가의 합작선을 선호하지 않겠는가?

현지투자의 경우, 만약 현지인들이 한국에 대해 나쁜 인식을 갖고 있다면 투자자는 '적대적(hostile)'인 땅에 들어가는 것이라 해도 과언이 아니다. 이는 현지커뮤니티와의 갈등을 초래하고 노사분규 등의 숨은 원인이 되기도 한다. 따라서 현지의 나쁜 인식은 현지투자기업에 부담이 되지만, 현지투자기업은 자신의 노력에 의해 한국에 대한 인식을 바꾸거나 새로운 인식을 심을 수 있다. 현지인들의 인식은 한국인들과의 직접 접촉에 의해 형성된 것이 아니라 미디어 등에 의해 간접적으로 형성된 것이기 때문이다. 마찬가지로 투자기업은 우리에 대한 인식을 오히려 악화시킬 수도 있다. 어느 경우이건 우리 투자기업의 간부들은 한국에 대한 인식을 형성하는 데에 중요한 역할을 한다.

요컨대 국가평판에 관한 문제는 투자, 통상 등 우리 중소기업의 해외진출 전반에 걸쳐 우리 기업의 해외영업에 중요한 영향을 끼친다. 중남미의 대한인식에 관한 아래 사례는 국가평판의 중요성을 실증한다.

사례 1: 한국인은 가장 혐오하는 외국인

1998년 아르헨티나 일간지가 실시한 여론조사에서 한국인은 아르헨티나인들이 가장 혐오하는 외국인으로 꼽혔다. 한국에 대한 혐오도는 아르헨티나의 라이벌 국가인 칠레보다 높았다.

한국인이 '폐쇄적'이라는 것, 돈만 안다는 것 등이 혐오의 주된 이유로 꼽혔다. 다른 중남미 국가에서도 사정은 마찬가지다. 중남미에서 제작되는 사회고발성 영화에는 으레 한국인 악덕 기업주가 등장한다고 한다.

한국인들은 돈이 된다면 밀수, 탈세, 상표도용 등 무엇이든지 하는 것으로 알려져 있다. 심지어 국내의 조폭이 원정을 가기도 한다. "추악한 한국인"의 이미지는 우리 기업의 영업활동에 심각한 장애가 된다. 이처럼 혐오도가 심각한 상황에서 새로운 사업을 수주하거나 거래선을 확보하기는 하늘의 별 따기이다.

투자든 무역이든 중남미 지역과 거래를 하기 위해서는 한국인에 대한 현지인의 왜곡된 이미지를 개선시키는 노력이 필수적으로 수반되어야 하는데 이를 위해서는 추가적인 비용이 소요된다.

사례 2: 한국에서 일했던 외국노동자들의 한국 혐오

언론들을 통하여 우리는 한국에서 노동하다 귀국한 외국노동자들이 한국에서 겪었던 차별과 푸대접에 관한 이야기를 자주 듣는다. 그들은 귀국하거나 휴가를 가게 되면 한국과 한국인에 대한 불평과 험담을 동네방네에 하게 될 것이다. 이것은 한국에 대한 이미지를 악화시키는 직접적인 요인이 된다. 사실상 이렇게 형성된 나쁜 이미지는 정상외교를 포함, 공식외교의 효과를 상쇄시키고도 남음이 있다. 우리 기업의 세계진출에 대한 중대한 장애를 제거한다는 측면에서 이에 대한 대책이 시급하며 국가적인 과제로 다뤄져야 할 것이다.

나. 내셔널리즘의 악순환

내셔널리즘은 세계화와 상극이다. 세계화 시대에 번영하려면 무엇보다 '상호의존' 이라는 새로운 시대적 추세에 호응해야 하는데, 빗나간 내셔널리즘은 이에 대한 최대의 방해물이 되기 때문이다.

나아가 세계화의 시대에는 친구 또는 파트너의 존재가 무엇보다 중요하다. 그런데 민족주의적 편향에 빠져 친구를 만드는 기회를 스스로 포기하는 사람이 너무 많다. 오늘날 민족주의는 시대착오이다. 우리가 잘 낫다, 우리가 찬란한 역사를 가졌다고 우겨도 생기는 것은 없다. 단 한 가지 있다면, '적' 이 생길 뿐이다.

국민간에 인식이 악화되는 배후에는 내셔널리즘이 개재되어 있는 경우가 많다. 내셔널리즘을 자존(自尊)과 혼동하는 경우가 많지만, 둘은 전혀 다르다. 다른 사람을 무시하고, 미워하며, 이기려 하는 조잡한 짓은 "진정한 긍지를 가진 사람"이 할 바가 아니기 때문이다.

그러나 현실에 있어 남을 깔보고, 싫어하고, 남보다 우월하다는 데에서 인생의 보람을 찾는 사람들이 의외로 많다. 외국인에 대해서는 이러한 배타적 태도가 더욱 심한 것은 물론이다. 그런데 내가 남을 무시(미워)하면 남도 나를 무시(미워)한다. 이러한 적개심은 상호 악순환의 과정을 거쳐 심각한 수준까지 치달을 수 있다.

사례: LA 흑인폭동

1992년의 LA 흑인폭동에서 한국 교포들은 최대의 희생자가 되었고, 로스앤젤레스 한인타운의 90% 이상이 파괴되는 피해를 입었다. 원래 이 폭동은 흑인(Rodney King)에 대한 구타혐의로 피소된 LA경찰들이 무죄방면된 것이 도화선이 되어 발발하였다.

그러나 한인들이 백인·흑인간 갈등의 피해자가 된 것은 폭동이 시작되자마자 ABC 등 미국 언론이 1년여 전에 흑인 빈민 지역에서 발생한 이른바 '두순자 사건'을 보도함으로써, 한인과 흑인 사이의 인종 갈등을 증폭시켰기 때문이

> **두순자 사건:** 흑인지역에서 상점을 운영하던 두순자 씨가 15세 흑인 소녀 라타샤 할린스가 오렌지 주스를 훔쳐가는 것으로 오인하여 말싸움이 시작되어 두순자 씨가 할린스를 밀치고, 할린스가 두순자의 안면을 때리자 두순자 씨는 돌아서서 나가는 할린스의 뒷머리에 총을 쏘아 할린스는 즉사했다. 할린스의 손에 오렌지 주스 값을 지불할 지폐가 있었음에 비추어 할린스는 물건 값을 지불할 의지가 있었던 것으로 보였으나, 재판에서 두순자 씨는 정당방위로 집행유예를 받아 방면되었다.

라는 것이 한인들의 일반적 시각이다.

그러나 한인에 대한 집중공격의 근본 원인은 한인들과 흑인들 사이의 대립과 긴장관계에서 찾을 수 있다는 것이 일반적 분석이다.

한인과 흑인은 서로를 무시하고 경멸하지는 않았는지, 한인들은 흑인을 불신해서 흑인구역에 와서 돈을 벌면서도 흑인친구도 없고 흑인 종업원을 고용하는 데 인색하지는 않았는지 한 번 돌이켜 볼 필요가 있을 것이다. 흑인들 상대로 장사하면서 흑인 사회의 공동체적 행사 참여나 기부 등에 무관심하고 배타적으로 한국 커뮤니티에만 열심히 참여하였는지도 모른다.

흑인들은 나름대로 한인들이 지독하고 영어도 이상하게 한다고 하면서 한인들을 무시하는 경우도 있었을 것이다. LA한인사태의 근본원인은 이러한 상호 경멸관계의 악순환에 있었던 것으로 보인다. '두순자 사건'은 단순히 이러한 악순환이 폭발할 계기를 부여한 것으로 보인다.

그리고 우리의 배타적 태도에 비추어볼 때, 이러한 갈등이 다른 외국에서 다시 발생하지 않는다는 보장은 없을 것이다.

다. 피해의식, 콤플렉스, 그리고 이중성

왜 우리는 매사에 이기려 하고 민족주의적 우월감을 고집하는가? 다른 이유도 있겠지만, 가장 주요한 이유는 지난 수천 년간 투쟁의 시대를 살면서 우리에게 익숙해진 피해의식과 그 콤플렉스 때문이 아닐까 한다. 피해의식은 다른 나라의 침략을 받아 생존을 위협받으면서 우리의 심리에 깊숙이 각인된 것이다. 이제 상호의존의 세계를 맞아 타인(국)과의 관계가 투쟁이 아니라 협력으로 변하고 있지만 뿌리 깊은 투쟁의 타성은 상호의존의 이익을 충분히 거두지 못하게 우리를 가로막고 있다.

피해의식은 콤플렉스를 낳는다. 콤플렉스는 강자(强者)를 부러워하고, 강자를 흉내 내려는 심리이다. 그래서 성형수술을 하고, 키 높이 구두를 신으며, 영어 못하는 것을 감추려고 외국인 앞에서 입도 뻥끗 안 한다. 그러나 불안은 없어지지 않는다. 남들이 내가 성형한 것을, 키 높이 구두를 신은 것을, 영어 못하는 것을 눈치 챌까봐 항상 전전긍긍한다. 그러나 몽골군이 유럽을 제패했을 때에는 유럽 사람들이 몽골 정복자들의 찢어진 눈, 작은 키를 섹시하다고 부러워했을 것으로 생각된다.

채워지지 않은 콤플렉스를 채우는 방법이 또 있다. 자기보다 못한 듯한 사람과 비교하여 우월감을 느끼는 것이다. 그런 사람을 멸시하고, 구박하는 데에서 행복을 찾기도 한다. 이는 이른바 "식민지 근성"의 형태를 띄는 것이 보통이다. 즉, 강자에게는 꼼짝 못하고 약자에게는 군림하는 것이다. 일제시대에 일본 순경에게 꼼짝 못하면서 조선인들에게는 군림하던 조선인 순사가 이에 해당할 것이다. 제국주의 시대에 하층계급 서구인들이 아시아, 아프리카의 피지배자들에게 가한 린치와 모멸도 이에 해당된다.

내셔널리즘의 상당부분은 "콤플렉스의 발산"에 해당된다. 즉, 자신들의 콤플렉스에 대한 보상으로 대외적으로 공격적인 태도를 취하는 것이다. 임진왜란이나 일본의 중국침략, 대동아전쟁 등도 이러한 맥락에서 이해될 수 있을 것이다. 오늘날에도 이웃 나라 또는 관계가 밀접한 국가들이 민족주의적 콤플렉스 발산의 와중에서 서로 민족감정을 악화시키고 상호의존의 이익을 일실하는 경우는 적지 않다.

우리의 최대 교역국인 중국과의 관계에서도 상대의 민족주의적 콤플렉스를 공격하는 "콤플렉스의 발산"의 징후가 나타나고 있어 우려된다.

사례: 중국인의 한국 인식 / 한국인의 중국 인식

최근 한·중 양국의 네티즌간에 민족주의적 공방(攻防)이 고조되고 있다. 우리 네티즌들이 올린 글에는 중국의 오만, 중화(中華)사상, 동북공정 등에 대한 원색적이고 야유조의 비난이 주류를 이루고 있다. 예컨대 "중화사상을 가지고 동북공정을 실행하는 중국의 실체를 알면 일본보다 더 무섭다"는 글이 그것이다.

한편 중국인들의 글에는 중국의 역사적·문화적 우월성에 대한 자부심을 바탕으로 한국인들의 졸부근성, 소국근성을 노골적으로 비난하고 있다. "소국(한국)이 잠에서 깬 사자(중국)를 두려워하는 것은 당연하다"는 위협조의 글도 있다. 이러한 상호비방의 원인은 무엇일까?

양국의 네티즌들은 민족주의라는 미명하에 사실은 상대의 콤플렉스를 공격하고 있는 것은 아닐까? 중국인들은 하필이면 한국의 콤플렉스인 "작다"는 것을 공격한다. 경제발전을 토대로 커보고자 하는 한국의 열망에 재를 뿌리는 것이다.

반면에 한국인들은 중국인들의 자존심 내지 콤플렉스를 두고 보지 못한다. "동양이 중국"이라는 주장에 핏대를 세우고 "징기스칸이 중국인"이라는 주장을 조소한다. 요컨대 서로의 콤플렉스를 공격하는 셈이다.

중국인들이 우리보고 "작다"고 한다 해서 우리가 작아지는가? 중국인들이 "동양이 중국"이라고 우긴다 해서 동양이 중국이 되는가? 징기스칸이 중국인인지 아닌지는 중국과 몽골이 다툴 일일지는 몰라도 우리가 화낼 일은 아니다.

우리도 비슷한 짓을 하지 않는가? 동북아 중심국가 운운하면서…….

근대 역사에서 잃어버린 자존심을 되찾고 '백년국치(百年國恥)'의 역사적 치욕을 씻어내고 과거의 영광을 회복하려는 중국의 안간힘을 격려하지는 못하더라도 그들의 열망에 재를 뿌릴 필요는 없다.

진정으로 '큰' 쪽은 상대의 콤플렉스성 주장을 이해하고 관용하는 쪽일 것이다. 우리가 먼저 우리의 콤플렉스와 '좀스러움'을 탈피하여 개방적·관용적이고 자신감 있는 태도와 시각을 가지는 것이 중요하다. 그러면 우리가 다투고 있는 문제들이 얼마나 사소한 것들인지 깨닫게 될 것이다.

2 투자관련 사례

가. 투자허가

사례(베트남): 금호 아시아나 플라자 투자허가 변경

<사례 개요>

■ 금호산업은 96년 6월 주재국 현지 업체와 합작으로 베트남 정부로부터 호치민 시내 아시아나 플라자 프로젝트에 대한 투자허가서를 발급받았으나(금호측 65%, 베트남측 35%), 97년 아시아 외환위기로 사업추진을 중단

■ 2002년부터 사업재개를 위한 활동을 시작하였으나, 베트남정부는 장기간 사업중단을 이유로 사업권 자체를 회수코자 하여 금호산업과 주베트남 대사관은 긴밀한 협조하에 베트남 관계부처 및 국회, 당 등에 아시아나 플라자사업 재개 문제의 전향적인 검토를 적극적으로 요청

■ 06.6.30 베트남 기획투자부는 사업재개를 허용하는 수정

투자허가서를 발급하고, 금호산업은 06.10.25 호치민시 중심지에 대형 복합건축물 건설사업 착공

<평가 및 시사점>

- 중앙정부의 영향력이 막강한 사회주의국가 여건상 공관을 중심으로 한 정부 차원의 노력이 상당한 효과를 거둘 수 있다는 대표적인 사례
- 베트남 관련법상 장기간 투자허가 조건을 이행하지 않아 허가취소 사유에 해당됨에도 불구하고 우리 정부측 노력으로 사업재개 가능

사례(칭다오): 다산 인조장식품 유한공사 도금작업장 건설

<사례 개요>

- 03.11. 다산 인조장식품 유한공사(투자금액 500만불)는 칭다오시 성양구 소재 유정국제공항공업구 관리위원회로부터 11,800평의 토지를 구입하여 공장을 건설중이었으나, 05.9월 칭다오시 환경보호국으로부터 동 공장 내 도금작업장의 공해 과다 배출로 신규 허가가 불가능하다는 공식 입장을 접수, 사업 진행에 차질 발생
- 다산 유한공사는 공장 신규 허가 불가능 통보 접수 즉시, 칭다오 총영사관과 공동으로 칭다오시측에 문제 해결을

재요청하고, 유정국제공항공업구 내 도금작업장 공해 배출 저감을 위해 인근 공단인 총림(叢林) 도금단지에 오수배관을 연결하는 방안을 대안으로 제시

- 07.6.7 칭다오시, 다산측에 칭다오시 환보국에 허가신청서를 제출토록 재요청

<평가 및 시사점>

- 중앙정부의 환경보호규제 강화 정책과 연결되어 있어 그 해결이 다소 불투명한 경우였으나, 공관의 지속적인 협조요청과 기업측의 창의적인 대안 제시에 따라 해당 행정 당국이 법규 적용상 융통성을 발휘하여 해결이 가능했던 사례

사례(캄보디아): 무학주정 에탄올 생산공장 건설

<사례 개요>

- (주)무학주정은 타피오카 칩을 원료로 에탄올 및 액화탄산가스를 생산하고자 캄보디아에 현지 투자법인 MH Bio-Energy Group을 설립, 동 현지 법인은 캄보디아 군부 등과 타피오카 칩 85,000톤 구매 공급계약을 체결하였으나, 군부의 계약 불이행으로 어려움에 직면

- 현지투자 법인과 공관 공동으로 캄보디아 상무부, 환경

부, 군부 등과의 폭넓은 접촉을 통해 바이오 에너지에 대한 전 세계적인 관심 및 양국의 호혜적인 측면에 대해 설명하고, 동 사업이 성공할 수 있도록 지원을 요청

■ 06.11.28(화) 인터컨티넨탈 호텔에서 에탄올 생산공장 설립 기공식 개최, 군부뿐만 아니라 캄보디아 대농장 지주들과 거래관계를 다변화함으로써 안정적인 타피오카 원료 공급처 확보

<평가와 시사점>

■ 주정생산 원료인 타피오카 칩 확보 방안에 대한 세밀한 검토 없이 원료 전량의 공급을 군부 등으로부터의 구매에 의존함으로써 야기된 문제로 민관 협력으로 적절한 대응책을 마련하였으나, 해외투자시에는 현지 영업환경 등에 대한 꼼꼼한 사전 확인이 긴요함을 예시한 사례

사례(헝가리): 타이어 생산공장 건설

<사례 개요>

■ 헝가리에 6억불을 투자, 현지 타이어 생산공장을 설립키로 한 H사는 당초 06.3월부터 공장설립 공사를 시작할 예정이었으나 헝가리 환경단체가 헝가리 정부의 공사허가가 환경보호 규정을 위반하였음을 지적하면서 정부 결

정의 재심을 요구함에 따라 상당한 공기 지연이 우려되는 상황이 발생

- 아국투자기업 H사와 대사관은 긴밀한 협력하에 공장 설립지인 두나우이바로시 시 및 헝가리 정부의 조속한 재심 절차의 진행 및 동 사안에 대한 긍정적 검토 요청

- 06.5.17 헝가리 정부의 허가를 획득, H사는 공장건설을 개시함으로써 공기 지연으로 인한 손실 발생을 예방, 07.6월부터 타이어 생산 개시

<평가 및 시사점>

- 공기 지연으로 공장설립이 늦어질 경우, 이는 아국 투자기업의 손해뿐만 아니라 두나우이바로시 시 등 헝가리 지역경제 전체에도 손실이 발생한다는 점을 강조한 것이 문제해결의 실마리를 제공

- 또한 투자기업 H사측이 문제를 제기한 환경단체측과 대화를 계속 진행하는 등 문제해결에 대한 적극적인 의지를 보여준 것도 분쟁해결에 일조

나. 투자 인센티브 이행

사례(슬로바키아): 기아차 협력업체 투자분쟁

<사례 개요>

- 06.2.1 슬로바키아 정부는 기아차 슬로바키아 공장(KMS)과 9개 기아차 협력회사에 대한 투자 인센티브 제공 불가를 결정, 전임 경제부 장관이 약속한 총 투자비 1.3억 유로에 대한 17백만 유로의 인센티브 제공 거부, 기아자동차 및 협력업체측은 슬로바키아 대사관과 합동으로 슬로바키아 정부 결정의 부당성 지적, 강력한 시정요청 제기

- 06.03 전체 협력업체 공동 명의의 서한 발송을 통해 공식적인 분쟁 제기 및 중재위원회 회부를 위한 법적 조치 개시 통보, 주 슬로바키아 대사관 슬로바키아 정부에 기아차 동반 진출업체 인센티브 현안 해결을 촉구

- 06.12.13 슬로바키아 내각회의에서 슬로바키아 정부의 추가 인센티브 제공 승인, 당초 계획 대비 투자금액 2.43억 유로 증가(8.25억 유로→10.68억 유로)에 따른 추가 인센티브 33백만 유로 100% 현금지원

<평가 및 시사점>

- 상기 사례는 기아자동차, 해당 협력회사뿐만 아니라 주 슬로바키아 대사관, 외교통상부, 산업자원부가 긴밀히 협

력, 슬로바키아 정부와 교섭함으로써 해결된 사안으로, 원만한 분쟁해결을 위하여서는 분쟁 발생의 초기단계부터 진출기업과 대사관이 긴밀히 협의하는 것이 필요하다는 것을 실증

사례(도미니카): 진출기업의 벙커C유 유류세 감면

<사례 개요>

■ 도미니카 수출자유공단에 입주한 아국 진출업체인 Willbes(봉제업)가 벙커C유에 대한 유류세(28%) 면세를 신청하였으나, 세수 감소를 우려한 도미니카 정부가 면세 결정을 5개월 이상 지체, Willbes측은 유가앙등으로 인한 지출증가로 조속한 유류세 감면이 긴요한 상황

■ 투자기업 Willbes와 대사관은 면세결정 주무부서인 수출자유공단과 재무부에 벙커C유 면세신청에 대한 조속한 허가를 요청, 2천 명의 고용창출 등 Willbes의 대주재국 기여 및 경영여건 지속 악화시 인근국 아이티 등으로의 공장 철수 가능성 언급

■ 재무부, 4월 말 Willbes에 벙커C유 유류세 면세자격 취득 통보, Willbes는 동 유류세 감면으로 연간 30만 불의 경비 절감 가능

<평가 및 시사점>

■ 도미니카는 중남미 특유의 비신속성과 더불어, 넓지 않은 지도층간 인간관계가 중시되는 문화를 갖고 있으므로 적법한 신청일지라도 특별한 이유 없이 처리가 지체되는 경우가 빈번

■ 진출기업과 대사관의 긴밀한 협조관계를 구축과 아국 투자기업의 원활한 투자활동을 위한 민관 공동대처가 주효한 사례

다. 투자활동 지원

사례(나이지리아): 한국석유공사 심해광구 탐사권 무효화

<사례 개요>

■ 나이지리아 정부는 한국석유공사가 05.8월 낙찰받은 심해광구 2개소(OPL 321/323)의 탐사권을 2009.1.9 무효화함을 통보, 한국석유공사는 나이지리아 대통령에게 청원서(Petition)를 제출하고 법원에 무효화 취소를 요청하는 행정소송을 2009.3.5 제기

■ 주 나이지리아 대사관은 발전소 및 가스관로 건설을 조건으로 석유 탐사권을 취득하는 동 사업이 양국 정부간

합의에 따른 것임을 나이지리아 정부측에 지적함. 특히, 나이지리아 정부가 무효화 사유로 제기한 서명 보너스 할인은 정당한 절차를 통해 이루어졌음을 밝히고 무효화의 부당성을 강조

- 2009.8.20 나이지리아연방고등법원은 한국석유공사의 승소를 판결

<평가 및 시사점>

- 나이지리아 정부의 일방적인 탐사권 무효화에 대응하여 석유공사와 대사관을 중심으로 즉각적인 외교적 대응과 함께 주요인사 접촉을 통한 다각적인 압박이 주효

- 현지 여건에 비추어, 우리 기업과 공관의 입체적인 협력체계의 구축은 현안의 타결에 있어서 무엇보다 중요한 요소임을 예시한 사례

사례(파푸아뉴기니): 한중발전소 발전연료 수입

<사례 개요>

- 2009.1.28 파푸아뉴기니 정부가 한국중공업 발전소의 발전 연료인 중유의 유황성분 함량기준을 대폭 낮추는 규정을 일방적으로 제정 · 시행함에 따라 한중발전소의 발전 중단 위기상황이 초래

- 한중측은 2009.2.17 주재국 전력공사 등 관련 국영기업에 동 문제해결을 촉구하는 서한 발송, 09.2.26 주재국 언론(National, Post-Courier)에 기사 게재를 통하여 관련법 개정 부당성 및 발전중단 위기 초래 위험성을 주재국 대중에 홍보, 2009.3.16 법원에 제소

- 2009.3.31 법원, 최종 판결시까지 기존 연료에 대한 수입을 잠정 허용하는 잠정적 효력정지명령(Stay Order)을 선고하고, 이어 2009.9.18에는 문제 규정에 대한 무효판결 선고

<평가 및 시사점>

- 건설 및 장기운영(15년) 후 주재국 정부에 이전(BOT 방식)하는 한중발전소의 경우, 건설 당시 계약조건에 크게 배치, 불리하게 변경되는 법개정은 안정적인 투자 및 운영에 큰 지장을 초래할 수 있는 위험성이 있음.

- 한중발전소와 대사관은 이러한 위험성을 인식하고 불리한 법제도 개정 초기부터 긴밀히 협조, 주재국 관련 부처에 원만한 문제해결을 촉구함으로써 우리 진출 기업의 부당한 이익 침해를 방지하는 데 기여

사례(폴란드): 대원강업 EU 펀드 보조금 확보

<사례 개요>

■ 폴란드 루블린시에 소재하고 있는 아국 투자업체 대원강업(D&D Ressory Polska)은 폴란드 정부에 EU 투자펀드 보조금 지원을 신청하였으나, 2008.12월 선정과정에서 부적합 판정을 받고 이의를 제기함.

※ 대원강업은 자동차용 스프링 제작업체로 루블린공장에서 약 300명의 고용을 창출, 생산품은 대부분 체코와 슬로바키아 소재 현대 및 기아자동차 공장에 수출

■ 2009.1월 대원강업의 이의 제기(투자자금 조달능력 증명)와 대사관의 폴 정부 설득이 주효, 아국 투자기업은 폴 정부의 EU 펀드 보조금 지원 대상으로 최종 선정됨. 그 결과로 2009년 9월 대원강업은 경제혁신 운영 프로그램으로 EU자금 2천 7백만 PLN(9.5백만 달러)의 지원금을 확보(2010년 중)

<평가 및 시사점>

■ 대원강업의 EU 펀드 확보는 유럽진출 우리 기업으로서는 최초의 사례로서, 이미 유럽에 진출해 있는 우리 기업이나 향후 투자진출에 관심이 있는 우리 업체들에게 좋은 인센티브로 작용할 수 있을 것으로 판단

사례(청뚜): 사천휴비스 천연가스 공급 확보

<사례 개요>

- 사천성 자공시에 위치한 화학섬유 한국 투자회사인 사천휴비스는 공장을 운영하는 데 필요한 천연가스 공급량을 감소시키겠다는 자공시 가스 공사의 통보 접수

- 09.11.9 사천휴비스, 자공시 정부 및 자공시 경제위원회, 자공 서부 천연가스 공사측과 접촉, 자체 해결을 시도하는 한편, 천연가스 공급을 총괄 조정하는 사천성 경제위원회의 비준 필요성 등을 감안 공관지원을 요청

- 09.12.1 사천성 경제위원회 부주임, 여타 화학비료공장에 대한 가스공급량을 줄여서라도 사천휴비스에 안정적인 가스공급을 보장 약속

<평가 및 시사점>

- 사천성 자공시내 가장 큰 규모의 외자기업이자 사천 지역에 진출한 대형 생산기업인 사천휴비스가 불안한 가스공급으로 인해 생산에 차질을 빚어 어려움에 처할 경우, 향후 사천성에 진출하게 될 여타 한국 기업들에 큰 영향을 미칠 수 있다는 점을 강조함으로써, 사천성 정부 당국의 적극적인 협조 및 신속한 조치 유도

라. 합작투자

1) 현지 합작선의 횡포

사례(캄보디아): (주)보림유니버셜 지분 매각

<사례 개요>

■ (주)보림유니버셜은 97년 6월 캄보디아 현지 기업인 Mong Reththy와 합작법인을 설립, 정부로부터 임대한 농장부지 11,000헥타(약 3,300만평) 중 4,500헥타를 개발, 오일 팜(Oil Palm)을 식수 재배중이며, 지난 02년부터 팜 오일을 생산하여 전량 말레이시아, 싱가폴 등지에 수출

■ 05년 하반기 이후 현지합작 투자자인 Mong Reththy측의 농지분할 요구 및 추가 투자금 납부 지연 등으로 사업추진에 어려움 발생, (주)보림측은 대사관과 합동으로 Mong Reththy 그룹측의 기본 입장 파악과 합리적인 해결방안 모색

■ 06년 3월 (주)보림유니버셜은 캄보디아측과 지분매각 합의, Hun Sen 총리 방한시 보림측 지분매각과 관련한 캄보디아 정부의 협조와 지원에 사의 표명

<평가 및 시사점>

■ 현지기업과의 합작투자에서 발생된 분규로, 48%의 지분

을 보유하고 있던 Mong Reththy측이 사소한 분규를 의도적으로 유발시켜 52%의 지분을 갖고 있던 한국측 합작파트너에게 사실상 매각을 강요한 사례

- 당초 (주)보림유니버셜측은 캄보디아 Mong Reththy측 지분을 인수하는 방향으로 사안을 해결, 추진하였으나 Mong Reththy측의 무리한 요구로 보림측이 지분을 매각

사례(광저우): 한 · 중합작 투자 분규

<사례 개요>

- 2005.5.15 한국인 A와 중국 광저우시에서 중국인 B는 50 : 50의 지분으로 합작투자하기로 계약서를 체결, 회사 대표는 B의 명의로 하였으나, 실제적으로는 A가 거의 100%를 투자한 피혁공장을 설립
- 양자의 합작계약서에 의하면 두 사람은 1,500㎡의 공장, 200㎡의 기숙사 및 공장설비를 각각 50 : 50의 비율로 합작투자하며, 이익의 절반씩을 균분하기로 하였으나, 사정상 350㎡의 피혁공장을 임차
- 중국인 B는 A가 외국인이며, 현지 사정에 어두운 점을 이용하여 회사의 각종 업무에 월권적으로 관여하고, 피혁공장이 자신의 명의로 되어 있음을 빌미로 회사를 자

신의 소유로 간주, 행동

- 2008.3월 B는 자신이 인민폐 40만 위안을 투자하였으나 A가 지분만큼 투자하지 않은 결과 자신이 투자한 금액으로 350㎡의 소규모 공장을 운영할 수밖에 없었다며 이는 계약위반이므로 자신이 투자한 40만 위안 및 위약금 40만 위안을 포함한 80만 위안(한화 약 1억 3,600만원) 반환 및 배상 청구소송을 제기

- B는 40만 위안 투자금을 A에게 주었다며, A의 서명이 들어 있는 40만 위안 영수증을 법원에 증거로 제출하였으나, 동 차용증은 B가 허위로 작성한 것이며, 실제는 회사 명의를 사용하여 B가 제3자로부터 40만 위안을 차용하여 사적으로 사용한 적이 있었음.

- 2008.4 A는 총영사관에 억울함을 호소하고 총영사관의 지원요청, 총영사관 자문변호사를 통해 소송제기, 2008.10월 A 승소

<평가 및 시사점>

- 한국인이 중국인과 합작하여 회사 등을 설립하는 데는 위험요소가 내포되어 있어 분규발생 가능성이 높으므로 가급적 한국인 명의로 회사를 설립함이 바람직함을 예시한 사례

■ 부득이한 사정으로 외국인 등 제3자를 회사 대표자로 등록하였을 경우라도 쌍방간 합작계약서에 상호 투자지분 조항 등을 비롯한 투자액, 지분 및 권리 · 의무 관계를 명기하고, 회사 도장 관리에도 각별한 주의가 요망됨.

사례(나이지리아): 한 · 나 합작법인 NIDAS 영업활동

<사례 개요>

■ 대우조선해양과 나이지리아 국영석유회사(NNPC: Nigerian National Petroleum Corporation)간 합작법인인 NIDAS(Nigeria Daewoo Shipping Ltd., 2007.2월 설립, 대우조선해양 46%, NNPC 51%, 벨기에 Exmar 3%)의 영업활동 관련, NNPC측이 선적물량의 50%를 의무적으로 나이지리아 국적선사에 할당토록 되어 있는 규정을 준수하지 않음에 따라, NIDAS의 영업활동에 상당한 지장이 초래되고 있다는 대우조선해양의 애로사항 접수

■ 대우조선해양측은 나이지리아 국영석유회사인 NNPC가 NIDAS의 최대 지주임에도 불구하고, NNPC 내부의 복잡한 사정과 기존 NNPC 빌주 물량을 처리하던 외국 선사의 로비 등으로 인하여 NNPC가 NIDAS의 선적물량 확보에 소극적인 입장임을 설명하면서 우리 정부의 지원을 요청

■ 2008.5.22 주 나이지리아 대사관 NNPC의 감독 부처인 나이지리아 에너지부 Ajumogobia 석유장관과 접촉, NIDAS의 사업 추진과 관련한 주재국 에너지부 차원의 협조를 요청

■ NNPC, NIDAS의 활동 애로사항 해결과 관련한 회의 개최, NNPC차원에서 향후 선적에 있어서 NIDAS를 우선적으로 이용키로 결정

<평가 및 시사점>

■ 개도국의 특성상 top-down 방식으로 기업활동을 지원하는 것이 효과적인 바, 주재 공관장의 NNPC 감독부처인 에너지부 장관 면담과 현지 언론에 대한 홍보활동이 주효

2) 합작선과의 경영권 분쟁

사례(베트남): 일진 · 하나까 합작 분쟁

<사례 개요>

■ 우리나라의 3대 전선업체인 일진전기 베트남 하나까 그룹과 50 : 50으로 합작하여 전선제조 공장 일진·하나까 설립, 일진전기의 합작파트너인 하나까측에서 공장부지를 합작법인 명의로 이전해 주지 않아 운영자금 대출시 이를 활용치 못하는 등의 문제 발생

■ 공장부지는 합작파트너인 하나까측의 소유로 되어 있고,

합작조건인 토지제공 조항에 따라 합작법인 출범 후에는 소유권을 일진·하나까로 이전토록 되어 있었으나 하나까측에서 이를 거부

■ 투자기업 일진전기와 주재 대사관의 협력하에 현지공장 소재 박닝성 주정부 및 성 인민위원회와의 접촉, 일진측 애로 해소 요청

<평가 및 시사점>

■ 베트남 파트너측의 부당한 합작계약 조건 미이행에 대해 민관합동으로 직접 해당 성 정부에 이의를 제기하고 해결을 요청함에 따라 애로사항을 해소한 사례

사례(카라치): 현지 Partner와 경영권 법적 분쟁

<사례 개요>

■ 전자저울 메이커인 (주)CAS의 파키스탄 법인(CAS PAKISTAN) 대표 L은 현지 파트너 Zakir와 경영권에 관한 법적 분쟁발생, 2007.4 현지 파트너 Zakir는 불법적인 방법(회의록 및 서명위조)으로 자본금을 증액, 경영권을 탈취하고 L이 CAS 본사 납입금을 횡령하였다고 주장

■ 동 과정에서 현지 파트너 Zakir는 L을 이슬람 신성 모독법(Blasphemy Law)에 따라 고소하고 물리적 폭력행사, L은

총영사관에 신변보호 및 변호인 법률적 지원 협조 요청

■ 2008.2.15 합작기업측과 총영사관은 신드주 경찰청에 신변보호 및 직장접근 보장 요청, 3.22 (주)CAS는 Zakir와 사건을 종결하기로 합의하고 양측이 제기한 고소·고발건은 상호 취소키로 합의함.

<평가 및 시사점>

■ (주)CAS측이 2004.12 현지법인 설립시, 현지 파트너와의 계약관계를 문서화하는 작업의 부실과 충분한 법적 장치를 마련하지 못한 점이 분쟁의 원인을 제공, 또한 관리경영 경험이 전혀 없는 비경영인에게 현지법인 경영을 위임한 문제점

■ 파키스탄은 부패지수가 세계 최하위 20위 안에 들고 특히 경찰의 부패는 더 극심할 뿐 아니라 사법질서가 문란하여 파키스탄에 대한 투자 및 대리점 계약시에는 변호사 등의 법률 자문이 필수

3) 합작투자분쟁

사례(몽골): 한·몽 합작회사 Cosmo Tobacco의 사업 분쟁

<사례 개요>

■ 2001년 삼림인터내셔널(주)과 KT&G는 러시아지역 시장

판매를 목표로 몽골측 건물 소유주와 담배생산허가증 소지자를 파트너로 하여 "Cosmo Tobacco"라는 합작회사를 설립, 삼림인터내셔널(주) 51%, KT&G 35%, 몽골측 건물제공자 9%, 담배생산허가증 소지자 5%로 총자본금 3백만 불 규모, KT&G의 담배생산 기계장비와 잎담배를 도입, 2002년 몽골에서 시판 개시

■ 영업초기에는 많은 운영비용 대비 판매수익이 크지 않았기 때문에 순손실 단계였고 이익금 배당이 불가능, 몽골인 파트너(담배생산허가증 소지자)는 이익금 배당이 없자 합작 탈퇴를 소관부처인 농림부에 신고, 2004.1월 담배생산이 중단되고, 건물소유주는 그동안 사용한 건물사용료 지급을 요구

■ 부당한 건물사용료(월 10만 불) 요구는 한·몽간의 분쟁으로 비화, 몽골 상사중재원에 회부되었으나 몽골중재원의 일방적인 입장으로 한국측이 패소, 한국측이 소유한 담배생산 기계장비는 압수되고, 건물 리모델링에 투자한 막대한 자금과 운영자금도 회수 불가능 상황 봉착(자본금 300만 불, 운영자금 100만 불)

<평가 및 시사점>

■ 합작회사 계약서 작성에 있어 계약 불이행 내지 파기의 경우를 대비한 분쟁해결 방안 등이 포함되지 않아 투자

자가 일방적으로 피해를 본 사례, 외국투자 진출시 전문 변호사를 활용한 계약서 작성의 필요성, 분쟁해결기관 지정의 중요성 등을 적시하는 사례

- 한국측 몽골 주재 대표는 외국어 구사 능력이 미흡하고 합작투자에 관한 경험이 전무한 부적합한 인사, 이러한 부실한 투자자측의 인력배치도 투자 실패의 상당한 원인

마. 현지법인 설립

사례(나이지리아): 한국가스공사 현지법인 설립

<사례 개요>

- 한국가스공사는 2008.8월부터 스위스계 석유회사인 Addax 및 현지회사인 Chrome과 함께 나이지리아 바엘사(Bayelsa) 주에 연산 1천만 톤 규모의 액화천연가스(LNG) 생산기지 및 발전용량 1천MW의 발전소 건설 계획 추진

- 한국가스공사는 2009.5월 나이지리아 기업등록위원회 (Corporate Affairs Commission)에 현지법인 설립을 신청, 기업등록위원회는 한국가스공사가 신청한 현지법인 명칭 (Korea Gas Nigeria Limited)을 문제 삼아 신청접수를 거부 (Korea라는 국가 명을 사용불가)

- 대사관은 한국가스공사와 협의, 기업등록위원회에 한국가스공사가 한국의 유일한 천연가스 관련 국영기업임을 문서로 통보하면서 현지법인 명칭으로 "Korea Gas"를 사용할 수 있도록 요청

- 나이지리아 기업등록위원회는 한국가스공사의 현지법인 명칭으로 "Korea Gas Nigeria Ltd"를 승인하고 2009.6.9 법인등록 증명서를 발급

<평가 및 시사점>

- 나이지리아 진출을 모색하는 우리 국영기업과 초기단계부터 긴밀한 협력관계를 유지, 적시에 대사관이 개입하여 외교적인 조력을 제공함으로써 현지법인 설립의 애로사항을 해소

바. 계약관계

1) 계약서 작성

사례(광저우): 계약서 작성 부실

<사례 개요>

- 복건성 장저우(Zhangzhou)시에서 2003년부터 묘목 및 화훼

사업에 아국 투자기업 중국인 파트너와의 분규로 민사소송을 당해 1심(2007.1)에서 패소

- 아국 기업은 묘목 · 화훼사업을 위해 중국 파트너로부터 차입한 250만 위안(2003.6 한화 약 3.5억원)을 갚지 않았다는 이유로 중국측이 제기한 민사소송에서 패소하였고, 동 판결을 이행하지 않아, 2009.5 동인 소유 농토(약 2만여 ㎡, 감정가 725만 위안)가 경매 처분
- 아국 기업은 250만 위안 중 100만 위안은 투자계약서에 의해 유입된 투자자금으로, 2005.8 태풍으로 묘목이 유실되어 투자액 전액이 손실되었기 때문에 반환책임이 없다고 주장하였으나, 법원은 동 투자계약서가 제목만 투자계약서로 되어 있을 뿐 내용상으로는 대차계약서로 판시, 전액 250만 위안을 중국측에게 배상 판결(07.1)
- 아국 기업 1심 판결에 불복, 상소하려고 하였으나 변호사 사망으로 상소시한 경과로 상소 기각

<평가 및 시사점>

- 본건은 상식적으로 이해하기 힘든 계약내용, 재판심리 과정에서 대응미흡, 변호사의 조력미흡, 상소시한 경과로 인한 상소기회 상실, 판결결과 불이행 등 복합적인 사유로 투자기업의 토지가 경매처분당하는 재산상 불이익이 초래된 경우인 바, 계약서 작성의 중요성 등을 예시한 사례

사례(카자흐스탄): 가계약과 본 계약시 계약업체 교체

<사례 개요>

■ A사는 평소 친분이 있던 회사로부터 B사를 추천받고 확인해 본 결과, B사가 믿을 만하고 소유하고 있는 자산도 있어 신뢰할 만하다고 판단, B사에게 제품을 판매하기로 하고 가계약을 체결

■ 본 계약 체결일에 B사는 B사 명의의 매출이 너무 많아 세무조사가 우려된다는 이유로, 계약 주체를 B사가 아닌, 상호명이 매우 유사한 B-1 회사(자신의 관계사로 소개, 상호명이 거의 유사)명의로 계약을 체결하자고 제안

■ 별다른 의심 없이 계약을 체결하고 물품을 외상 공급하였으나 대금지급일에 대금이 지급되지 않아, 수소문해 본 결과, B-1은 B사와는 법적으로 아무 상관이 없는 별개의 회사인 것으로 밝혀졌으며, 회사 자산도 전혀 없는 동 거래를 위해 급조된 회사인 것으로 드러남.

■ B-1사를 상대로 채무이행 소송을 진행하고 승소하였으나 B-1사의 자산이 전무한 관계로 채권회수가 불가능

<평가 및 시사점>

■ 주요 상거래시에는 반드시 상대방에 대한 확인이 필요하며, 이때에는 그 기업의 정관과 재무제표를 요구하여 기

업의 실체(출자자, 정관상 대표이사와 실제 서명하는 사람의 일치여부, 정관상 대표이사의 권한 등)를 확인하고 재무상황을 점검해 볼 필요

2) 계약 이행

사례(온두라스): (주)한국전력 수력발전소 건설계약 이행 중단

<사례 개요>

■ 2009.1 한국전력은 당지 수력발전회사인 H&G사와 Colon 주 Sico강 유역에 125MW 규모의 수력발전소를 건설하기 위한 사업타당성 조사 용역계약을 체결하고 예비 타당성 조사를 실시

■ 한국전력, H&G사와 현지 주민들간 보상금 합의가 실패하고, H&G사의 외화조달 능력 문제 등이 드러남에 따라, 발주처의 계약 불이행시 예상되는 추가적인 손실 방지를 위해 사업 시행여부 전면 재검토

■ 현지 주민들의 수력발전소 건설반대 및 H&G사의 재정현황을 재점검하는 한편, 한전은 대사관의 의견과 H&G사의 사업 수행능력 등을 종합 고려하여 동 계약이행을 보류함으로써 추가 손실 차단

<평가 및 시사점>

- 우리 투자기업이 현지 대사관과 긴밀히 협력, 현지 파트너기업의 문제점을 정확·신속히 파악함으로써 추가적인 손실을 최소화한 사례

사. 노동문제

1) 노사분쟁

사례(멕시코): 현지진출 한국업체 노사문제

<사례 개요>

- 06.10. 멕시코 Guanajuato주 Leon시 소재 한국 교민이 운영하는 양말 제조업체 L사에서 근무하던 생산 근로자인 A는 사장이 업무상 주의를 주자 이에 반발 퇴사 후, 지방경찰서, 노동청 등 관련 기관에 동 사장을 노동착취 혐의로 고발하고, 언론 인터뷰에서 폭행 및 노동착취를 당하였다고 주장

- 현지 지방 일간신문 AM지 등은 수차례에 걸쳐 한국기업 L사가 미성년자를 고용하여 가혹한 노동조건하에 노동력을 착취하였다고 왜곡 보도

■ 한국 투자기업 협의체는 현지 지방 주정부, 노동청, 이민청 및 지방 언론기관과의 접촉을 강화, L사 입장 설명, 대사관 멕시코 Guanajuato 주정부 검찰측 인사, 지방노동청 청장을 접촉, 동건 관련 언론보도 내용은 사실과 다른 점을 지적하고, 편견 없는 공평한 조사 요청

■ 07.4월 L사를 노동착취 혐의로 고발한 전 종업원 A는 고발을 취소, 노동비자 관련 과다하게 부과된 L사에 대한 벌금도 절반으로 감액

<평가 및 시사점>

■ 노사문제 발생 후 진출업계 및 공관의 신속한 현지 방문과 사실관계 파악 노력, 그리고 지방 노동청, 주정부 검찰 인사 면담 등을 통한 아측 입장의 적극적인 설명과 공정하고 신속한 조사 요청이 주효

■ 노사분규내용이 언론에 감정적으로 왜곡 확산 보도될 경우, 현지진출 우리 업체들의 이미지가 부당하게 손상될 가능성이 매우 높은 점을 감안, 지방언론을 비롯한 지방 여론 주도기관과의 사전 접촉활동을 적극 전개한 사례

사례(인도): 중소기업 S사 노사분규

<사례 개요>

- 중소기업 S사는 냉장고, 세탁기, 에어컨 등 전자기기 부품을 생산, 인도에 공동 진출한 대기업에 납품하는 업체로 2001년 인도시장에 진출, 2001년 노이다(Noida), 2004년 푸네(Pune), 2005년 히마찰(Himachal) 등 3개 지역에 생산공장을 설립, 총 850명의 현지인 고용

- 2005년 이후 회사가 본격적으로 성장, 근로자의 수가 크게 늘어났으나 체계적인 노무관리가 뒤따라 주지 못함, 2006년 이후 태업, 작업거부 등 소규모 노사분쟁이 지속되다, 불법시위 주동 일부 근로자 중징계를 계기로 2008.1월 노이다 사업장에서 전면 파업이 발생

- 2008.1월 S사와 대사관은 상공부 외국인 투자담당국에 회사의 조속한 정상화를 위한 인도 정부의 적극적 지원을 요청하는 한편, 노이다 경찰, 지방정부 관계자 등도 수시로 접촉, S사 노사분규의 원만한 해결을 위한 지원 촉구

- 2008.2.20 S사 노사는 노사내화를 갖고 파업을 종료키로 합의했으며 근로자들은 생산현장에 복귀키로 결정

<평가 및 시사점>

- 인도는 전통적으로 사회주의의 영향을 받아 근로자 보호

를 위한 복잡한 노동관계 법규를 보유하고 있으며, 인도 정부의 노력에도 불구하고 노동 유연성에 대한 국제적 평가는 최하위권을 기록

- 최근 인도의 경제성장에 따라 우리 기업의 대인도 진출이 활발해짐에 따라 한국 경영진과 현지인 근로자간의 갈등 가능성도 높아짐. 우리 중소기업의 인도 진출시 사전에 노동관계법 등 노무관리를 철저히 준비할 필요가 있음.

사례(레바논): 한전 운영발전소 노조 태업사태

<사례 개요>

- 한전은 2006.2월 레바논 전력청과 5년 계약을 체결하여 주재국 남부 및 북부에 위치한 발전소 2곳에 대한 운영 · 관리를 담당, 2009.8.11. 주재국 남부 자라니 발전소 노조는 한전 고용 이전기간에 대한 근무기간 연속성을 인정하고 추가 퇴직금 적립금 지불을 요구하며 부분 파업 및 태업 돌입

- 2009.9 한전측은 법원에 동 문제 제소 및 주재국 전력청 등 관계기관에 사태해결을 촉구, 2009.10 발전소 예방정비를 위해 한국에서 26명의 정비인력이 파견되었으나 노조가 동 시공인력의 진입저지

■ 2009.11.3 레바논 남부 티르 시장의 주선으로 주재국 총 노동조합, 노조, 한전 등 관계자가 회합하여 동 사태해결을 위한 대안 논의

■ 2009.11.4 주재국 전력청 부청장, 노조, 발전소 노조, 주재국 총 노동조합 당관 등 관계자 회합, 제반 사항 논의 후 노조의 근무기간 연속성 인정 및 한국에서 파견한 시공 인력의 발전소 출입을 허용함으로써 3개월 이상에 걸친 태업사태 해결

<평가 및 시사점>

■ 상기 사태는 주재국 특수성 등으로 인해 분쟁당사자인 주재국 전력청, 한전 및 노조측이 한 치의 양보도 없이 서로의 주장만 반복하는 등 자칫 파업 사태의 장기화, 아국 기업의 이미지 저하, 한국에 대한 인식악화 등의 소지가 다분히 있었으나, 관계자들의 적극적인 노력과 대사관, 친한 인사 및 동명부대의 협조로 사태가 적기에 해결됨으로써 아국 이미지 제고에 크게 기여

■ 향후 아국 기업이 레바논에 진출하여 유사한 문제에 부닥칠 경우 사태해결에 좋은 본보기가 될 만한 사례임.

사례(스리랑카): 노동분규

<사례 개요>

- 2008.11.20 당지 진출 한국 업체 Elphis Lanka(품목: 의류)에 임금인상을 요구하는 노동분규가 발생, 사업장 기계파손 및 사업주의 신변위협

- 경찰력이 개입한 이후, 사업주는 주재국 노동부를 통해 노동자들과의 협상 재개, 대사관은 노동부에 동 업체의 현재 상황을 설명하고, 지나친 임금인상 등으로 공장운영 자체가 불가능해지는 상황은 양측에 모두 손해임을 설득, 노사 임금협상이 원만하게 마무리

<평가와 시사점>

- 노동분규 등 물리력이 행사될 여지가 있는 경우에는 신속한 경찰력투입이 중요한 바, 대사관을 통한 즉각적인 조치가 사업장과 사업주에 대한 피해를 최소화했으며, 노동부를 통한 협상시에도 대사관의 측면지원이 원만한 협상 마무리에 도움이 되었던 사례

2) 현지직원 횡령 등 불법행위

사례(그리스): 진출기업 현지직원 횡령사건

<사례 개요>

■ 2008.6.4 그리스 진출 우리 기업인 'L사 그리스법인'은 동사 경리담당 현지직원 1명을 횡령 및 업무상 배임혐의(회사수표 위조 및 사취)로 주재국 검찰에 형사 고발

■ L사측은 경제범 형사고발 사건의 경우, 통상 3개월에서 6개월 후에나 조사가 시작되는 그리스 수사당국의 관행에 비추어, 동 사건수사의 지연은 경제적 손실은 물론 (회사수표 위조 문제로 인해) 주요 사업 파트너와의 관계가 악화될 수 있는 점을 감안, 동건 관련 신속한 수사 및 재판을 주재국에 요청하고 대사관에 지원을 요청

■ 그리스 검찰청은 L사 그리스법인 현지직원 횡령사건에 대해 (종전 3-6개월 후 조사가 시작되는 관행과는 달리) 형사고발 후 1개월 이내에 조사에 착수, 7월중 1차 예비조사 종료

<평가 및 시사점>

■ 해외진출 우리 기업이 활동과정에서 민·형사 문제가 빈번하게 발생되고 있는 바, 주재국 사법절차상 우리 기업이 외국기업이라는 이유로 인해 부당한 불이익을 받지

않도록 진출기업과 현지 대사관의 적극적인 협력 대응 노력의 필요성을 제기한 사례

사례(카자흐스탄): 현지인의 부정으로 인한 회사 파산

<사례 개요>

- 한국의 A사는 카자흐스탄에서 사업을 희망하였으나, 현지에 지사장이나 법인장을 파견하여 회사를 운영할 여유가 없어, 카자흐스탄을 오가며 알게 된 고려인 B씨에게 신설법인의 운영을 요청

- 신설법인의 대표이사는 한국 A사의 대표가 겸직하였으나, 한국에서의 사업이 바빠 카자흐스탄을 자주 방문하지 못하는 관계로, 현지 고려인 B씨를 집행이사로 임명, 은행 서명권 등 주요 권한을 위임

- 권한을 위임받은 B씨는 한국 A사의 대표가 카자흐스탄 사정에 어둡고 러시아어를 이해 못하는 점을 악용, 판매대금 등을 개인적으로 착복하였고, 여러 명목으로 한국으로부터 비용을 송금받아 가로채는 등 전횡을 일삼다가 마침내는 회사 소유의 사무실까지 제3자에게 매각 후 잠적해 버림.

- 한국 A사의 대표는 고려인 B씨를 신뢰한 나머지 B씨가

제시하는 각종 위임장과 서류에 의심 없이 서명하였고 이에 따라 B씨는 회사 부동산까지 매각할 수 있었음.

■ B씨를 상대로 민·형사 소송을 제기중이나 이미 횡령한 자금을 모두 탕진하거나 은닉한 뒤로 이의 회수가 불가능한 실정임.

<평가 및 시사점>

■ 카자흐스탄에 지사 또는 법인을 설립할 때에는 반드시 이를 관리할 수 있는 본부 인력을 파견하여 본사에서 주요 사항을 통제할 수 있어야 하며, 이것이 불가능할 경우에는 전문 컨설팅 업체나 법무법인 등을 통한 회계 기장 관리, 정기적 회계 검사 등을 통하여 사고발생을 사전에 방지할 필요

■ 외국어로 된 서류에 서명시에는 반드시 그 번역 공증본을 요구, 서류내용을 분명히 파악한 후에 시행

3) 제 3 국 근로자 이탈

사례(쿠웨이트): 아국기업 건설현장 제3국 근로자 문제

<사례 개요>

■ 아국 기업 B사 발전소 건설현장에 약 644명의 중국 인력이 중국 인력송출업체인 FICC를 통해 1-2년 계약기간으로

근무중이었으나, 동 근로자 중 187명이 근무 4개월 만에 높은 사막성 기후 등을 사유로 조기 귀국을 희망하고, 중국대사관에 집단 방문하여 비행기표 교부 등 귀국조치를 요구하는 등 문제가 발생

- B사측은 중국 근로자들의 조기 귀국으로 건설공사 진행의 차질발생 우려, 중국근로자들의 생산성이 높고 향후에도 인력수요가 많은 점을 감안하여, B사는 중국 인력 송출업체인 FICC를 통해 중국 인력을 계속 공급받기를 희망

- B사 및 대사관이 공동으로 중국대사관, 중국측 송출기관 FICC와 긴밀히 협의, 중국 근로자들의 조기 귀국 문제를 타결(중국근로자 취향에 맞는 식단 조성, 근로자 숙소 시설 개선 등)하고, 향후 중국 인력의 장기적·안정적인 공급에 합의

<평가 및 시사점>

- 쿠웨이트 내 아국건설업체에서 고용된 제3국 인력들의 집단민원 제기로 공사진행 차질 및 인력수급 애로 등 문제가 발생하고, 사태의 장기화 및 재발이 우려되었으나, B사 및 대사관이 적시에 적극적으로 대처한 결과, 제3국 근로자 조기 귀국 문제가 타결되고, 장기적인 중국인력 안정적인 공급이 가능하게 된 사례

4) 연금납부 면제

사례(인도): 아국 근로자 사회보장세 이중납부

<사례 개요>

- 2008.10.1 인도 정부는 "근로자연금규정(Employee's Provident Fund Scheme)" 개정을 통해, 20인 이상 고용 작업장의 외국인근로자(international workers)의 경우, 2008.11.1부터 월 소득 24%의 근로자 연금을 납부토록 규정

- 대부분 아국 현지 주재원들은 우리나라에서 근로자 연금을 납부하고 있는 바, 동 근로자연금규정 개정에 따라 이중납부의 부담에 직면, 현대자동차, 삼성전자, LG전자 등 대기업 및 동 기업들의 협력사 등 당지 진출 우리 기업들의 상당 부분이 2009년 초부터 동 근로자연금을 소급하여 납부하기 시작, 인도에 현재 380여 개 우리 업체들이 진출해 있으며, 아국 근로자 약 1,000명이 근무중인 것으로 추산됨.

- 근로자 연금의 상호 납부면제를 위한 양국간 사회보장협정(Social Security Agreement) 체결 필요성이 제기, 당지 진출 우리 기업들의 근로자 연금납부 면제를 위해 "한·인도 사회보장협정" 체결을 적극 추진, 2009.12월 중순 뉴델리에서 공식 협상이 개최될 예정

<평가 및 시사점>

■ 동 사회보장협정 체결시, 인도에 진출해 있는 우리 기업들의 경우 최대 600만 미불 연금납부 부담이 해소됨으로써, 우리 기업의 경쟁력 제고 기대

■ 2010.1.1 한·인도 CEPA 발효에 따라 우리 기업들의 對인도 투자진출이 더욱 증가할 것으로 보이는 상황에서, 금번 한·인도 사회보장협정 체결 추진은 우리 기업들의 對인도 투자진출에 유리한 환경을 조성할 것으로 기대

사례(이탈리아): 지상사원 연금납부 면제

<사례 개요>

■ 한·이탈리아 간 사회보장협정이 2005.4월 발효되고, 양국 해당기관간 행정약정이 2006.1월에 서명되었으나, 2008년 상반기 기준 우리 지상사 주재원 48명이 사회보장협정에 따른 연금납부 면제 혜택을 비수혜

■ 대사관은 연금납부 면제 혜택을 받지 못하고 있는 지상사원들의 해당관련 정보를 수집, 이탈리아측 관련기관에 통보하고 이와 관련한 협조를 확보한 이후, 해당 지상사원에게 이탈리아 관계 당국에 연금납부 면제에 필요한 서류를 제출할 것을 안내

■ 2008.4월 이탈리아 사회보장청은 기존 비수혜자의 연금납부 면제 및 기납부 연금의 환급조치를 약속, 대사관은 2008-2009년간 우리 지상사에 연금납부 면제 절차 및 기납부 연금 환급을 위한 절차를 수차 안내한 바, 2009.10월 현재 우리 지상사원들의 특별한 애로사항은 더 이상 없는 것으로 확인

<평가 및 시사점>

■ 이탈리아에서는 행정처리 절차가 지연되는 경우가 적지 않고, 특히 일선 부서의 업무처리가 체계적으로 이루어지지 못하는 경우가 많기 때문에, 이탈리아 정부와 법적·제도적 차원의 합의가 이루어지는 경우에도, 이러한 합의사항이 일선 실무부서에서 충실히 이행되고 있는지를 수시로 확인할 필요

사례(온두라스): (주)한일온두라스 임시휴업 승인

<사례개요>

■ Puerto Cortes에 진출한 한일 온두라스(한일합섬의 현지법인)는 바이어로부터 수주한 원부자재의 공급지연으로 부득이 임시휴업(2007.6.11-8.11)하면서 노동부에 승인 요청하였으나, 증빙서류가 미비하다는 이유로 기각되면서 1년 이상 각종 분쟁에 휘말려옴.

■ (주)한일 온두라스측은 임시휴업 승인기각 이의신청을 노동부가 호의적으로 검토하도록 대사관에 협조요청, 대사관이 노동부측에 공식적으로 문제 제기, 대사관과 한일 온두라스측의 공동 대응에도 불구하고 노동부측은 노조 입장을 반영해야 한다는 입장에 따라 휴업신청을 재기각

■ (주)한일은 온두라스 대사관과 협의, 정식 소송제기, 동 1심 소송에서 승소

<평가 및 시사점>

■ 대사관과 진출기업이 공동으로 해결책을 모색하는 과정에서 법원, 공단 입주업체 협의회 등 다양한 기관을 통한 해결방안 강구

사례(온두라스): (주)한솔 노동자 상여금 산출 분규

<사례 개요>

■ 편직물 임가공업체(Maquiladora)인 (주)한솔은 지난 수년간 노동자들에게 지급하는 상여금(연 200%)을 본봉 기준으로 지급해 왔으나, 지난해 근로감독기관인 노동부의 수시점검에서 상여금 지급이 잘못(노동부는 총액기준으로 산정, 지급해야 한다고 판정) 되었다고 지적하고 시정을 명령

■ (주)한솔측은 총액기준 상여금지급은 국제기준뿐 아니라

온두라스 노동법 규정에도 맞지 않는 점을 지적 이의 제기, (주)한솔측은 노동부측이 수시점검이라는 명목하에 한국기업들만을 표적 점검했다고 주장

- 대사관은 온두라스 노동부측의 한국기업들에 대한 표적 점검 가능성에 우려를 표명하고, 노동문제 관련규정 적용시 제3국 투자기업과의 형평성을 촉구

- 온두라스 여건상, 공관의 직접개입에 의한 성급한 사건해결 시도보다는 전문 변호사를 통한 교섭이 경제적인 해결책이라는 판단에 따라, 변호사를 통한 교섭 진행

<평가 및 시사점>

- 온두라스 현지노동법 규정이 대체로 불명확하고 여러 가지 해석이 가능한 경우가 많은 점을 감안, 노동문제는 대사관이 전면에 나서기보다는 전문가를 통한 교섭이 유리한 결과 도출

- (주)한솔의 적절한 대응과 대사관의 효율적인 지원이 상여금 분규에 따른 경영손실 차단을 가능케 하였고, 한국기업의 노동문제에 대한 노동부의 무분별한 개입에 제동을 거는 효과를 가져 옴.

아. 현지 커뮤니티와의 갈등

1) 현지인의 기업 무단점거

사례(선양): S전자 무단점거

<사례 개요>

- S전자의 본사인 W사가 2008.2월 말 부도처리됨에 따라 중국(심양) 현지법인인 S전자의 내외적 경영난 가중, 주거래선인 삼성전자의 주문 및 본사의 부품공급이 중단되면서 S전자의 생산 중지, S전자의 관할 지방당국은 본사 부도로 인한 연쇄 도산이나 무단철수 등을 우려, 과다하고 부당한 방법으로 경영 압박

- S전자가 본사에 파견한 중국연수생의 가족 1백여 명이 회사에 무단 진입, 총경리를 감금하고 연수생 체불임금 지급 및 체류 안전보장요구

- 총영사관, 사태확대 가능성을 우려, 공안국에 동사 한국인 직원 및 가족의 신변안전 보호를 요청하는 한편, 지방당국 간부, S사 총경리 등과 협의, 농성중인 가족 자진해산 유도

- 심양시정부 및 해당 구청 등과 협의, S사에 대한 지방당국의 경영 압박조치 중지, 각종 동결 해제와 경영정상화 협조 요청, 지방당국은 은행구좌 동결을 해제하고 S전자

에 대한 과다한 요구 등을 철회

<평가 및 시사점>

■ 본사의 부도를 현지법인의 연쇄 도산으로 간주, 지방당국과 주민 등이 즉각 물리적 제재를 시작한 상황하에서 S사와 총영사관이 신속하고 엄정하게 대처함으로써 자칫 발생할 수 있는 우리 투자기업의 막대한 피해를 사전에 차단

■ 일부 한국 투자기업의 무단철수에 대한 부정적 이미지가 지방당국의 불안 심리로 작용, 과도한 제재 등을 통해 우리 기업의 정상적 경영을 압박

2) 지역사회와의 갈등

사례(레바논): 아국 건설업체-하청업체 간 분쟁

<사례 개요>

■ 2008.5월 남부 레바논 Tebnine시 공립학교 건설(무상원조)사업을 시행중인 태화건설이 현지 하청업체(Al Binna 건설회사)와 임금지불, 계약이행 여부 등의 문제로 분쟁이 발생

■ 2008.6.23 Tebnine 시장은 하청업체의 주장에 의거하여, 동건에 관한 대사관의 조사 요청, 레바논 대사관은 태화건설 입장을 설명한 후 양 당사자간의 원만한 해결 촉구

■ Tebinine시 중재로 태화건설, 하청업체 간의 직접 협의를 통해, 양측간 계약 종료 등을 기초로 한 합의 양해서(양측간 합의내용을 담은 서한) 교환

<평가 및 시사점>

■ 외국의 원조사업을 활용, 최대한의 상업적 이익을 취하려는 부당 현지 업체들이 적지 않고, 향후 여타 현지 업체들에 의해서도 우리 업체가 계속 시달릴 가능성 등을 감안, 원칙에 입각해 처리 필요

사례(예멘): 지방 부족의 송전선 공사 방해

<사례 개요>

■ 2006.2월 이후 현대건설은 예멘 수도 사나(Sana'a)에서 동부 유전지대 마립(Marib)간 400KV 송전선 공사를 진행해 왔으나(공사비 6,500만 불), 공사현장 여러 곳에서 지방 부족민, 토지소유주, 부랑자 등에 의한 근로자 납치, 차량탈취, 전선절단 등 작업방해로 인하여 예정되었던 기간 내(2008.2월) 작업을 종결시키지 못하고 계속 지연

■ 현대건설과 대사관은 이러한 어려움 해소를 주재국 정부에 지속적으로 제기, 공사현장에서 안전확보 및 작업방해 문제가 조속 해결 촉구

■ 공사현장 대부분 지역에서 치안문제 해결, 군병력의 공사현장에 배치로 작업방해 문제가 상당부분 해소

<평가 및 시사점>

■ 예멘 지방 공사현장에서 지방 부족들의 작업방해가 우리 기업을 포함한 외국기업들의 고질적인 장애 요인으로 작용해 왔는바, 예멘 정부 고위 관계자 및 군실력자를 직접 접촉, 문제해결을 적극 설득한 것이 애로사항 해소에 직접적인 효과를 발휘한 사례

자. 관청과의 갈등

사례(우즈베키스탄): 투자기업 생산 원자재 조달

<사례 개요>

■ 우즈베키스탄 진출 섬유산업 기업인 '대신메가텍스'는 우즈벡 정부의 면사 수출장려정책의 영향으로 동 기업 주생산품인 의류생산을 위한 면사 공급이 부족, 조만간 공장 가동이 중단될 위기 봉착(생산량 20%만 국내유통)

■ 대신메가텍스와 대사관은 주재국 경제부측에 현재 시행하고 있는 방사 의무수출 규정으로 인해 우즈벡 내 봉제업체들이 곤란을 겪고 있는 만큼 동 규정의 시행 개선

요청

■ 우즈벡 정부의 이러한 비합리적인 조치가 한국에 알려질 경우 한국의 잠재 투자자들이 우즈벡을 기피하는 현상을 초래할 것임을 지적, 사태의 조속한 해결을 촉구

■ 5.25(금) '대신메가텍스' 현지 대표, 경제부 장관 및 유관부처 관계관과 5, 6월 중 수출실적 50만 불 달성을 조건으로 면사 160톤을 공급받기로 합의, 5.28부터 공장을 재가동

<평가 및 시사점>

■ 주재국의 불합리한 규정에 대해 해당 기업이 직접 정확한 근거를 제시하면서 설득, 우즈벡 정부의 정책 변경을 유도한 사례

사례(인도네시아): 조림투자 기업 인허가

<사례 개요>

■ 2007.6 태영글로벌은 한·인니 50만ha 조림투자협력 MOU 사업의 일환으로서 인도네시아 중부칼리만탄 구능마스군에 6만ha 조림투자추진

■ 구능마스 군수의 추천을 거쳐 주지사 추천 및 산림부 조

림허가 접수를 추진하였으나, 주정부 및 산림부 거부로 허가신청서 반려, 중부칼리만탄 주정부와 산림부 간의 토지이용계획 조정지연이 반려의 배경

- 대사관, 인도네시아 투자에 있어 고질적인 걸림돌 중 하나인 중앙정부-지방정부 간의 이해상충 및 갈등으로 인하여 우리 기업의 투자가 지연되고 있음을 확인, 산림부와 지방정부 양측을 접촉 · 문제점 파악 조정 추진

- 2008.5월 제2차 한·인니 산림포럼시 한·인니 양측은 태영글로벌 중부칼리만탄 조림사업건을 인정, 조림허가에 착수하기로 합의, 2008.10월 산림부 사전허가 동의서 발급

<평가 및 시사점>

- 인도네시아는 중앙-지방정부 간 의견 상충, 갈등으로 인하여 기업투자가 적기에 이루어지지 못하거나 사업을 포기하는 경우가 종종 발생, 아울러 관료주의 및 소통부족으로 인하여 문제를 인식하고 있음에도 불구하고 양측공히 문제해결에 수동적이거나 의지가 부족

- 이와 같은 비우호적인 투자환경 극복을 위해 평소 구축해 놓은 네트워크를 활용, 아측이 중앙-지방정부 간 소통의 다리 역할을 수행하여 투자허가를 확보한 바, 우리 기업과 대사관의 공동 대응으로 문제를 해결한 사례

사례(아랍에미리트): 건설공사 발주 취소

<사례 개요>

■ A건설은 UAE 두바이 도로교통청이 발주한 4.66억 불 규모의 두바이시내 도로 · 교량공사를 수주하여 공사 진행, 2009.9.13일 현재 당초 계획공정 21.58%에 훨씬 못 미치는 9.2%의 공정률 기록, 도로교통청은 지연원인이 시공사측에 있다면서 발주취소 검토 통보

■ A건설은 공사지연의 일부 책임은 있지만 대부분의 원인은 각종 인허가기관(수전력청, 통신회사)의 부당한 공사 동의서 발급 지연 때문이라고 도로교통청에 선처를 호소

■ 대사관은 두바이 도로교통청 접촉, A건설 애로사항 설명, 향후 인력, 자재 추가투입 등의 개선책을 통해 공기를 지켜갈 것을 약속

■ 10월 초 두바이 도로교통청은 A건설에 대해 3개월의 불가항력적 공사 지연사유를 인정하고 계속 공사 허용 조치

<평가 및 시사점>

■ 건설사-대사관 간 정기적인 협의회 등을 통하여 의사소통을 원활하게 유지함으로써 기업 애로사항의 적기 대처

■ A건설은 두바이 인프라공사에 처음 참여하면서 각종 대

관공서 업무에 어려움을 겪었고 현지 인력 · 장비 조달도 원활치 않았던 것으로 파악된 바, 동종 업체간 사전 정보 교환을 통해 시행착오를 최소화하고 발주처의 성향을 엄밀히 분석 · 대비하는 것이 중요

차. 투자기업 수출입관련 문제

사례(우즈베키스탄): 부당관세 부과

<사례 개요>

- 한국통신(KT)의 우즈벡 현지법인 「Super I-Max」는 08.10 무선인터넷 사업기반 구축을 위해 통신 모듈 · 케이블 등 통신장비를 수입하면서 관세(18만$)를 납부

- 우즈벡 외국인투자관련법(21항)에 의거, 「Super I-Max」사는 판매목적이 아닌 관련장비에 대한 수입관세 면제를 위해 증빙서류를 2008.12 제출하였음에도 불구, 기납입한 관세를 2009.03까지 환급 지연

- 투자기업은 동 문제를 자체적으로 해결하기 위해 공항세관 및 우즈벡 '관세위원회'를 상대로 문제해결을 지속적으로 요청, 대사관 우즈벡 관세 당국의 동사에 대한 관세부과가 실정법을 위반하고 있음을 지적하고 정부 관련

부서에 조속한 해결을 요청

■ 우즈벡 '관세위원회'는 기납부된 관세를 동 법인이 향후 통신부품 수입시 관련 수수료에서 공제하는 방식으로 관세를 환급키로 결정

<평가 및 시사점>

■ 우즈벡 진출 우리 기업들은 애로사항에 직면하더라도 이를 공론화 할 시 관계당국의 보복이 두려워 대사관에는 애로사항을 토로하면서도 대주재국 정부교섭을 통한 문제해결은 기피하는 경향

■ 상기와 같이 민관합동으로 아측 입장을 지속적으로 주장, 현지 관계기관의 협조를 요청할 시 애로사항 해결이 가능하다는 것을 보여주는 사례

사례(우즈베키스탄): 수출면장 불인정

<사례 개요>

■ 실패에 사용되는 지관(紙管) 등을 생산하는 중소제조업체 '금성 인터내셔널'은 원료 등을 수입하는 과정에서 불합리한 관세 및 부가세를 납부

■ '금성'과 대사관은 세관당국에 우즈벡 실정법상 수출용

원자재에 대해서는 관세를 부과하지 않도록 되어 있는데도 불구하고 관세를 부과한 조치에 대해 이의제기, 또한 우즈벡 세관이 신용장상의 한국 세관 신고수출금액을 인정하지 않고 불합리한 과세기준을 적용한 데 대한 시정 요청

■ 우즈벡 세관, 수출면장의 대사관 공증과 대한상공회의소의 원산지 증명서를 발급, 제출을 조건으로 아측 요청 수용합의

<평가 및 시사점>

■ 상기 사안은 우즈벡 세관이 우리 수출면장을 인정하지 않는 사례로, 세관 관계자들은 중국의 수출면장이 조작사례가 많아 여타국가에서 발행한 수출면장도 인정치 않는 경향

■ 우즈벡 세관의 불합리한 조치에 대해 해당 기업 및 대사관이 직접 정확한 근거자료를 제시하면서 관계자를 설득한 점이 문제해결에 주효

사례(이집트): 전자제품 무관세 수출

<사례 개요>

■ LG전자 이집트 법인은 이집트 산업개발청이 최근 생산

판매의 주종을 이루고 있는 LCD/PDP TV의 이집트(원산지) 생산부품에 대한 인정률을 낮게 산정, 원산지 부품률 40%가 조건인 남동아프리카 공동시장(COMESA), 아랍자유무역기구(GAFTA)에 대한 무관세 수출을 하지 못하고 있다고 하면서 대사관에 민원 제기

- 2009.06.29 이집트 통상산업부 장관과 대사가 공동 주재한 이집트 진출 우리 기업 애로 및 건의사항 청취를 위한 오찬간담회에서, LG전자 이집트 법인은 이집트 생산부품에 대한 원산지 인정비율의 탄력적 운용을 건의하고 통상산업부 장관은 참석한 산업개발청장에게 적극적인 검토를 지시

- 2009.06.31 LG전자 이집트 법인은 이집트 산업개발청으로부터 이집트 LG전자공장에서 생산되는 LCD/PDP TV 부품에 대해 원산지 부품율 40% 이상을 승인을 받아 7월부터 COMESA와 GAFTA에 무관세 수출 개시

<평가 및 시사점>

- 이집트 진출 우리 기업의 애로사항의 해결을 위해 관계부처 장관과의 합동 간담회 등을 개최, 기업자체의 노력만으로는 해결키 어려운 원산지 관련문제가 해결된 사례

사례(카메룬): 골덱스카메룬 수입장비 통관

<사례 개요>

- 한국 기업 Kocam Global Mining Group의 카메룬 자회사인 Goldex Cameroun사는 현장 사금생산을 위한 선별기 부품을 미국으로부터 수입하여 2009년 9월 두알라 항을 통해 통관을 진행하던 중 카메룬 세관 직원들의 비협조적인 태도로 인하여 수속 지연, 컨테이너 사용료 추가부담 및 생산일정에 차질 발생 우려

- 관련기업과 대사관은 세관측에 한국과 카메룬 양국 간의 통상 및 경제협력의 중요성과 해당 회사인 Goldex Cameroun사를 포함한 카메룬 내의 한국 기업의 자본 및 시설투자, 기술협력 등을 통한 카메룬 경제에 대한 기여도를 설명하면서 세관 당국의 적극적인 협조를 요청

- 카메룬 세관, Goldex Cameroun사의 통관업무 재개, 추가 수수료의 부담이나 일정의 차질 없이 생산현장의 장비수급이 가능

<평가 및 시사점>

- 최근 카메룬 내 한국 기업들의 사업관련 장비 및 물자의 수출입이 잦아짐에 따라 통관문제가 빈번히 발생, 카메룬 세관의 시스템 및 절차가 복잡하고 불투명한 점과 일

부 기업들의 통관에 대한 정보부족에 기인, 해외투자 사업의 원활한 수행에는 민관의 원활한 정보교환 및 협력체제 구축의 필요성을 예시한 사례

카. 지적재산권

사례(베트남): SH-Vina 케이블의 상표권 분쟁

<사례 개요>

- 전선 제조 중소기업인 (주)화성전선이 베트남에 04년부터 SH-Vina를 설립, 동 공장을 통해 "Hwasung"이라는 상표명하에 전선제품을 생산, 판매

- 현지 기업 Thien Pu사가 "Hwasung" 상표의 인지도에 착안, 베트남 국가지식재산청(NOIP)에 동 상표를 사전 등록, Thien Phu사는 06.8 SH-Vina를 현지 법원에 고소, 동 상표 상품의 생산금지 및 기존 생산제품(20만 불 상당)의 압류를 요청

- SH-Vina사는 대사관과 협의, 06.10.24 베트남 국가지식재산청에 "Hwasung" 상표 사용 관련한 이의를 제기하고, 대사관은 동 이의제기에 대한 공정하고 신속한 처리를 요청

■ 06.11. 베트남 국가지식재산청과 하노이 인민위원회 시장 관리국이 협력하여 우선 기존 생산제품의 압류조치를 해제, SH-Vina사는 Thien Phu사의 상표등록이 기만행위에 의한 것이었다는 점을 법원에 제소, 07.1. SH-Vina사 승소

<평가 및 시사점>

■ 현지 진출기업과 대사관이 공동으로 상표권 도용에 대처, 단기간 내 지적재산권 보호에 성공한 사례

■ 현지 진출 우리 중소기업이 상표등록 등 지식재산권의 보호에 관한 기본적인 인식이 부족, 상표등록을 소홀히 하고 있는 사례가 빈번하여 이에 대한 교육 · 홍보 강화 필요

사례(중국): 삼성물산 '래미안' 중국 내 상표권 침해

<사례 개요>

■ 2002년 삼성물산이 중국 내 상표로 등록한 '래미안'을 03년 심양시 소재 중국기업이 무단 사용, 총 18건의 침해사례 발견, 05.9 삼성물산은 심양시 공상국에 상표침해 중지 신청

■ 06.6 삼성물산 지원 요청에 의거, 대사관은 동건의 공정한 처리를 심양시 정부에 요청, 06.10 심양시 공상행정관

리국은 상표권 침해 현지기업에 대한 행정처벌 결정(1,060 만 위안(약 12억 원)의 벌금)

<평가 및 시사점>

- 중국정부는 최근 지적재산권 보호에 적극적으로 임하고 있기 때문에, 중국 기업에 의한 우리 기업의 지적재산권 침해시 피해기업은 지체 없이 대사관과 협력하여 즉각적인 대응조치를 해야 할 필요성 예시

사례(멕시코): 배터리업체 상표권 침해

<사례 개요>

- A 기업은 중국 배터리 공장에서 건전지를 생산, 70% 정도는 미국에, 30% 정도는 멕시코로 수출하여 왔으나 최근 2-3년간 멕시코 내수시장에서 로켓 상표를 모방한 유사 수입제품이 유통되어 동사는 연간 100만 불로 추산되는 물질적 손해와 로켓 상표의 이미지 하락이라는 무형적인 피해를 입었음.

- 2008.10월 A사는 멕시코시티 코트라 등과 협의, 멕시코 연방세관에 동 상표권 위반 수입제품 신고 및 협조요청, 연방세관 중국 수출품의 주요 수입항인 Manzanillo항에서 2008. 11월 이후 3차례에 걸쳐 불법 제품이 실린 컨테이

너를 적발하고, 연방검찰로 동 물품 이관 및 폐기 처리

■ A사는 중국 수출업자에게 공식 경고서한을 발송, 멕시코 시티, Monterrey, Guadalajara 등 주요 시장의 불법제품 거래 도소매업자에게 공식경고장을 발부, 이후 불법복제품 유통량이 현저히 감소

<평가 및 시사점>

■ 동건은 상표권 출원 등을 완료했음에도 불구, 중국 내 생산자(추정)가 불법적으로 상표를 도용, 지적재산권 단속이 소홀한 멕시코 내 유통업자와 공모, 상표권자의 권리를 침해하였으며, 동 상표권자는 동 침해사실을 알고도 지연 대응, 피해규모가 커진 사례

■ 향후 상기와 같은 사례를 방지하기 위해서는 상표권 등록 이후에도, 거래선 등을 통해 불법유통현황을 상시 모니터링하고, 불법제품 발견시 신속한 신고 및 공관 등과의 공동대처 노력이 필요

사례(멕시코): 면도기 상표권 침해

<사례 개요>

■ 도루코 멕시코 법인은 멕시코 생산공장(티후아나)에서 생산된 면도기제품을 현지시장에 10년 이상 판매, 높은 브

랜드 인지도 유지, 2008년 이후 현지업체 Harvill의 대만산 수입제품이 상표, 포장재는 물론 제품 외관까지 거의 동일하게 제작되어 동사에 상당한 피해 초래

- 아국 투자기업은 현지업체에 이의를 제기하고, 현지법원에 상표권 침해 손해배상소송 제기를 추진, 멕시코시티 KOTRA는 특허청에 산재권 소송비용(28,530불) 지원을 요청하고, 현지 도소매시장 및 유통업체 등에 소송제기 계획을 전파
- 도루코 멕시코 법인의 상표권 손해배상소송 제기 가능성을 인지한 현지 유통업체는 자발적으로 모조제품을 회수, 피해상황 종료

<평가 및 시사점>

- 아국 투자기업이 막대한 비용과 시간이 소요되는 산업재산권 소송에 대한 우리 정부의 지원정책을 활용, 소송제기를 추진하자, 현지 산재권 침해업체들은 소송제기 가능성 인지만으로도 상표권 침해 활동을 스스로 시정한 사례

타. 부동산 및 임대차 관계

1) 토지 분규

사례(칭다오): 도시재개발에 따른 기업이전

<사례 개요>

- 2005년 칭다오시는 성양구, 이창구 등 한국 중소기업이 밀집해 있는 지역에서 도시재개발사업 추진, 동 지역 소재 아국 기업 이전문제 관련 사전통보, 보상 등이 제대로 이루어지지 않고 있어 기업경영에 큰 차질 발생

- 총영사관, 지방정부측에 해당 기업들의 이전에 필요한 사업계획 수립 및 이전부지 물색 소요기간 등을 감안, 최소한 2년 전에 이전 대상기업임을 문서로 통보해 주는 "사전예고제" 실시 및 이전기업들에 대한 합리적 보상규정 마련, 시행을 요청하고, 중장기적으로는 기업이전에 필요한 부지개발 및 특별분양 등 조건 제시

- 칭다오시는 향후 도시재개발시 진출기업의 피해를 최소화하는 동시에 합리적 보상에 최대한 노력 의사 표명

<평가 및 시사점>

- 성양구, 이창구 등 해당 지방정부는 한국 진출기업의 개별 사안별로 합리적 보상문제를 검토하고 있고, 이전기

업들을 위한 전용공단건설도 추진중인 바, 한국상회 등과 협조, 관련 동향의 파악과 기업 피해 최소화를 위한 노력 전개

사례(캄보디아): (주)CJ 토지 임대분규

<사례 개요>

■ 99.7. (주)CJ 캄보디아는 농업부문 해외 투자법인으로 총 12백만 불 상당을 캄퐁스프주 대지 8,000헥타(24백만 평)의 타피오카 경작 및 타피오카 전분생산 수출사업에 투자

■ CJ 캄보디아가 군부로부터 임대한 대지 중 3,000헥타를 농림수산부가 Ouk Khun사에 이중임대, 2002년 동 지역의 농지개발이 완료된 시점부터 임차권 분쟁 발생

■ 아국 투자기업과 대사관은 캄보디아 정부 요로를 폭넓게 접촉, 분규해결을 위한 협조요청, 캄보디아 정부측은 Ouk Khun측의 주장에도 일응 타당한 측면이 있어 단시일 내 해결에는 어려움이 있다고 판단, CJ측에 실질적인 혜택이 주어질 수 있는 대안 모색중

<평가 및 시사점>

■ 동건은 캄보디아 정부의 국내정국이 불안하고 행정능력이 열악했던 시기에 발생한 사례로 캄보디아 정부측이

어느 일방의 입장을 지지하기에는 다소 어려운 점이 있는 복잡한 사안

■ (주)CJ 캄보디아측에서 보다 적극적으로 토지분규 마무리를 위한 초기 대응조치를 취하지 못한 점이 분규 장기화의 배경

사례(베트남): 하이퐁시 VPS의 공장확장부지

<사례 개요>

■ POSCO가 합작투자한 철근제조업체인 하이퐁시 소재 VPS는 2007년의 호황을 바탕으로 하여 공장 확장을 시도했으나 인접 부지에 대한 토지배정 지연으로 사업계획 추진에 애로

■ 2008.3월 주베트남 대사가 하이퐁시를 방문, 공산당 서기 및 성 인민위원장 등에 VPS에 대한 적극적인 지원을 요청, 하이퐁시 당서기가 면담 현장에서 VPS에 대한 지원을 약속, 현재 토지배정 절차 진행중

<평가 및 시사점>

■ 진출기업과 대사관의 공동 노력으로 현지공장 확장에 긴요한 토지 조기배정에 성공한 사례

■ 대사관의 지원요청을 통해 확보한 고위층의 약속이 이행되어, 사안이 최종 종결될 때까지 지속적 대응이 필요

사례(선양): 아산부동산개발 유한공사 토지사용증 취득

<사례 개요>

■ 아주그룹이 투자한 아산(선양)부동산개발 유한공사는 '아주성' 건설과 관련하여 상응하는 토지구입비 및 세금을 전액 기납부하였음에도 불구하고 토지증 및 분양허가증 미발급, 구정부로부터 선분양 후허가증발급을 구두로 약속받고 분양을 개시하였으나 토지사용증이 없는 상태이므로 토목공사, 전기공사 등 모든 공정이 불법

■ 정부관련 기관에 수차례 조속한 해결을 요청하였으나 공사장 주변 주민들의 일조권침해 민원제기로 문제해결 지연

■ 투자기업과 총영사관은 심양시 정부에 대해 협조요청, 관할구정부로부터 주민들의 일조권침해에 대한 보상문제를 해결시 토지증과 분양허가증을 발급하겠다는 회보 접수, 우리 진출기업 현지 파트너를 통해 주변 주민들 대표와 일조권침해에 대한 보상에 대한 협의를 진행중

<평가 및 시사점>

■ 진출기업과 총영사관 합동으로 문제해결에 대한 방안을

마련, 현지 정부기관에 대해 우리 의견을 제시하고, 관련 절차를 진행하여 민관 유기적인 협력하에 애로사항을 해결한 WIN-WIN 사례

2) 임대차 분쟁

사례: 인도네시아 수해발생으로 인한 임대료 감면

<사례 개요>

- 07.2.7 인니 자카르타 인근에 대홍수가 발생, 우리 기업이 많이 입주(50여 개 업체 입주)해 있는 보세 공단(KBN)지역에도 1m 이상의 침수로 전 공단지역의 40%가 피해를 입었으며, 이 중 우리기업 32개 업체에 피해 발생

- 동 공단의 홍수피해 한인기업 대표는 공단사무소측의 배수관리 책임을 물어 건물 및 토지 임대료 감면을 요청, 피해기업 및 대사관은 무역부 등 정부측에 배수관리를 소홀히 한 동 공단의 책임을 지적하는 한편, 한국 기업에 대한 피해보상을 요청

- 07.2.27 공단 사무소 소장, 피해를 입은 한국 기업당 2월분 임대료의 1/2 감면을 약속(개별 기업당 약 5,000불)

<평가 및 시사점>

- 천재지변으로 인해 발생한 피해에 대해 공단측으로부터

임대료 감면조치를 받아내기가 쉽지 않은 상황이었으나, 공관을 비롯한 한인기업인들이 집요하게 동 공단 관계자를 설득한 결과로 감면조치를 이끌어 냄.

- 개발도상국가의 경우 당해 국가 공무원을 상대로 피해보상을 요청하는 것은 매우 힘든 것이 일반적이나, 개별 기업의 대응보다는 우리 기업과 협회, 대사관이 공동 대응할 경우 피해보상이 가능하다는 것을 보여준 사례

사례(카라치): 초지 및 공장부지 임대차계약 분쟁

<사례 개요>

- 파키스탄에서 사료 제조 후 한국을 비롯한 제3국으로 수출을 목적으로 진출한 우리 기업 Kohnlee사는 사료용 초지 및 공장부지 임대주측과 임대차 조건에 관해 분쟁 발생, Kohnlee(투자금 200만 불)사는 지난 2007.3월 말부터 1년간 계약으로 Sanghar 지역(카라치 북방 200Km)에 초지조성 및 공장 부지용도로 500ha를 임차

- 동 초지의 토양이 예상보다 나빠 계약연장 의사가 없음을 표시하자 임대주측이 계약상 토지 용도와 실제 용도가 다르다는 이유로 임대차계약 해지를 일방적으로 통고하고 물리력을 동원하여 생산된 수확물 압류, 해당지역에 대한 근로자의 출입을 봉쇄

■ 2008.3. 총영사관은 경찰청측에 임대차계약이 현재 2008.3월 말까지 유효한 상태이므로 임대주측의 근로자 출입봉쇄는 불법임을 지적, 양측간에 대화로 원만한 타협이 이루어지도록 경찰측이 적극 개입을 요청

■ 경찰의 중재하에 양측은 동 초지에서 생산된 수확물의 반출과 계약 연장문제에 대한 합의 도출

<평가 및 시사점>

■ 임대차계약 내용에 구체적인 토지 용도가 명기되지 않음으로 해서 발생한 사건으로 양측 모두 일부 책임, 우리기업의 투자진출시 진출분야에 대한 철저한 사전 조사(토양에 대한 조사)가 필수

■ 원칙적으로 민사적 성격이 강한 사안이나 공권력 개입이 없을 경우 일방적으로 외국인이 불리한 파키스탄의 현실을 감안, 총영사관이 개입으로 문제 해결 도모

파. 세금분쟁

사례(인도): STX Pan Ocean과 인도 세무당국간 조세분쟁

<사례 개요>

■ 인도 내 소득에 대한 과세문제(98/03년도 간 총 1,938만 불)

와 관련하여 STX와 인도 조세당국 간의 분쟁발생, 02/03년도 과세건(126만 불)에 대한 공청회 절차가 완료되고 뉴델리 세무서가 07.2.19일 주간에 최종입장 결정할 단계에서 STX측은 정부의 지원을 요청

- 07.2.17 주인도 대사관, 외교부의 지시에 의거, 인도 재무부에 인도측 과세 조치의 부당성을 지적하면서 필요한 시정조치를 취해 줄 것을 요청

- 07.3.9 인도 소득세국장은 당초 STX에 세금을 부과하는 과정에서 법해석이 잘못된 부분이 있어 세무담당자가 이를 전면 재검토하도록 지침을 하달하였음을 아측에 통보, 또한 새로운 조세부과는 향후 6개월 이내에 시행될 것인 바, 그 때까지 기존 세금을 납부할 필요가 없다고 설명

<평가 및 시사점>

- STX가 외교부에 제기한 민원으로, 동 민원해결을 위해 본부에서 제공한 조세문제에 관한 검토의견서와 근거자료를 대사관이 인도정부에 제시, 교섭함으로써 조세분쟁을 해결한 사례

사례(몽골): 수입맥주에 대한 특소세 차별

<사례 개요>

- 2009.3.12 몽골국회는 특별소비세법을 개정, 몽골 국내산 맥주와 수입맥주에 대한 특소세를 차별적으로 부과(리터당 국내맥주 20센트, 수입맥주 35센트 부과)키로 결정

- 아국 기업은 외교부에 애로사항을 설명, 지원을 요청하는 한편, 몽골 내 국회의원, 헌법재판소 재판관 등을 접촉하여 특소세 차별 적용의 부당성을 설명함

- 2009.5.27 몽골 헌법재판소는 맥주에 대한 특소세 차별적용은 위헌임을 재차 천명, 아국 맥주도 국내산 맥주와 동일하게 20센트 부과

<평가 및 시사점>

- 특소세 차별적용이 부당하며, 몽골에 대한 외국인 투자자들에게 부정적인 영향을 초래할 수 있음을 상기시키는 접근법이 주효, 헌법재판소의 위헌판결 유도 사례

사례(예멘): 대우건설 법인세 부과

<사례 개요>

- 2005.6 대우건설은 예멘의 모든 세금 및 관세를 면제받는

조건으로 발주사인 YLNG사와 건설계약을 체결하고 예멘 최초 가스수출사업인 YLNG 프로젝트의 2개 가스탱크 공사 건설을 시작

■ 2008.4 예멘국세청은 상기 대우건설과 발주처간의 면세조항을 인정하지 않고 대우측에 2006년분 법인세 5.37백만 불을 부과하였으며, 동일한 이유로 2009.4. 13 2007년분 법인세 1.6백만 불을 부과

■ 2008.4 대우건설은 2006년 법인세부과는 명백히 YLNG사와 대우건설 간 면세공사계약에 위배됨을 주장, 예멘 국세청측에 즉각적인 법인세 철회를 요청, 대사관은 2009년 5월 이후 예멘 석유광물자원부 등 대우건설의 법인세 애로사항 및 예멘 국세청의 일방적 조치 등을 설명하며 예멘 정부의 적극적인 개입을 요청

■ 2009.8.12 예멘 국세청은 대우건설 2006년 및 2007년분 법인세 중 2007년 법인세 1.6백만 불을 철회(현재 2006년 법인세 철회 추진중, 석유광물부 장관은 모든 외국건설기업의 법인세 문제를 일괄 해결하기 위해 노력중)

<평가 및 시사점>

■ 예멘과 같은 개발도상국 진출시, 발주처가 계약서 내용을 자신들에 유리한 방향으로 일방적으로 해석, 적용코자 하는 경우가 발생할 가능성에 대비, 중요한 사항에 대

해서는 계약서상 명확히 규정토록 유의

- 해외건설공사 계약은 해당 정부와 직접 또는 건설 발주사와 체결하게 되는 바, 후자의 경우 건설 발주사와 정부와의 관계를 면밀히 검토, 신뢰성이 있을 경우에만 계약을 체결함이 문제발생 소지를 사전에 방지

사례(인도네시아): 의류수출품 부과가치세 문제

<사례 개요>

- 인도네시아 의류수출의 약 30%를 차지하고 있는 우리 봉제기업들에 대해 인도네시아 과세당국은 세법에 규정이 없다는 이유로 수출품 임가공에 대해 영세율을 적용하지 않고 부가가치세를 부과하여 우리 기업들의 경쟁력 상실과 경영에 막대한 지장 초래

- 2003. 인도네시아 정부는 수출품 임가공에 대해 영세율을 적용하는 부가가치세법 개정안 발의, 2008. 7월까지 의회에서 부가가치세법 개정안 논의 진척 전무

- 2008. 8월 이후 진출기업과 대사관, 인도네시아 정부와 국회 요로에 수출품 임가공에 대한 부가가치세 영세율 적용은 국제적 과세 기준으로 이를 반영한 개정안의 조속한 국회통과 요청, 동 관련 국제적 사례 및 부가가치세

과세시 경제적 효과 등에 관한 자료 전달

- 2009.9.16 인니 국회, 수출품 임가공에 대해 영세율 적용이 가능하도록 부가가치세법 개정안 통과

<평가 및 시사점>

- 우리 진출기업의 오랜 세무문제를 입법적으로 해결하기 위해 대사관을 중심으로 민·관이 긴밀하게 협력하고 세무 전문가의 전문지식과 경험을 효율적으로 활용한 결과

- 우리나라 국회의원의 의원외교, 대통령 특사와 인니 고위인사와의 접촉 등 우리 정부의 법안 통과를 위한 전략적 접근 방법이 주효

하. 금융 및 외환 문제

사례(대만): 한국기업에 대한 금융계좌 거래중지

<사례 개요>

- 2006.3월 A 기업이 대만 내 투자한 게임아이템 거래사이트를 이용하여 대만인이 사기행위를 한 사건과 관련하여, 대만경찰과 금융관리 위원회는 동 사이트 관련 금융계좌의 모든 거래를 중지

- 06.3.8 A 기업과 한국대표부는 대만경찰과 금융관리위원회측에 A기업의 대만 내 영업에 심각한 어려움을 겪고 있음을 감안하여 조기에 금융계좌 거래중지 조치를 해제하여 줄 것을 요청

- 06.3.29 대만경찰과 금융관리위원회는 금융계좌 거래중지를 해제

<평가 및 시사점>

- 대만에서는 사기사건에 이용된 금융계좌에 대해서는 대만정부가 거래 중지를 취하기 때문에, 우리 기업의 영업활동시 주의 필요

사례(짐바브웨): 중앙은행의 외환배정

<사례 개요>

- 짐바브웨 진출 우리 기업들(블루트랙 인베스트먼트, 센세이셔널 및 아카바 등)이 짐바브웨 중앙은행으로부터 원부자재 수입대금 결제를 위한 외환배정을 받지 못해 원부자재 수입 및 공장 가동에 어려움

- 짐바브웨는 극심한 외환부족 현상을 겪고 있으며, 이에 따라 중앙은행은 업체들의 자유로운 외환매입을 허용하지 않고, 중앙은행 판단하에 우선순위를 정하여 외환을

배정하고 있는 상황

■ 진출기업의 대 중앙은행 접촉강화와 중앙은행 총재단의 방한 초청을 통해 우리 기업에 대한 인식 전환노력, 한국수출보험공사와 짐바브웨 중앙은행간의 수출보험인수계약을 체결 유도

■ 06.4.26 짐바브웨 중앙은행 아국 "블루트랙 인베스트먼트"사에 대해 420만 불의 외환 배정을 결정, 동 중앙은행은 기체결한 수출보험 인수계약의 혜택을 받을 짐바브웨측 수입업체 리스트에 우리 진출기업 "센세이셔널" 및 "아카바"를 포함하는 문제를 긍정 검토중

<평가 및 시사점>

■ 중앙은행 총재 방한 성사, 외환통제부장 등 중앙은행 핵심인사들에 대한 지속적 접촉 및 우리 민간투자사절단의 현지 방문성사 등을 통해 한국 및 우리 업체들에 대해 우호적인 인식을 갖도록 유도한 것이 아국 기업에 대한 호혜적인 조치를 유도한 사례

사례(대만): 신안 SNP의 대출 원리금 상환

<사례 개요>

- 신안 SNP측의 05년 대만 투자진출 당시 대만은행으로부터 차입한 원리금의 상환기한이 09.3.27 도래 예정, 신한측은 일시적 자금사정의 어려움에 직면, 대만은행측에 상환기한 연장을 요청하였으나, 대만은행측의 소극적인 입장으로 어려움에 직면

- 신한 SNP 09.3.13 동 상환기한이 연장될 수 있도록 대만 대표부의 협조를 요청, 대표부는 3.18 대만 경제부 중소기업처 및 대만은행측과 접촉하여 신안 SNP에 대한 원리금 상환기한 연장을 협조 요청

- 대만정부가 경제위기 관련 중소기업지원책으로 09년 말 이전 도래하는 중소기업 은행대출금의 상환기한을 6개월 연장해 주는 조치를 시행중인 바, 동 조치가 외국 투자기업에도 차별 없이 적용될 수 있도록 협조 요청

- 대만은행측은 신안 SNP의 원리금 상환기한을 6개월 연장키로 결정

<평가 및 시사점>

- 대만정부의 중소기업지원시책을 적절히 활용하여 우리 투자기업이 동 시책에서 배제되지 않도록 강조

■ 특히, 대만 내 투자한 최초의 한국 중소기업이라는 상징성과 동 기업이 도산할 경우 고용중인 대만인 200명이 실업에 직면할 우려가 있다는 설명이 주효

사례(우즈베키스탄): 진출기업에 대한 환전문제

<사례 개요>

■ 09.7 대사관이 분기별로 개최하는 '경제인협의회'에서 '아시아나' 지점 및 일부 아국 진출기업들이 심각한 환전지연 문제로 기업운영에 어려움을 겪고 있다며 공관차원의 지원을 요청

■ 2009.7.22 대사관은 주재국 '재무부', '대외경제부', '중앙은행' 등 관련 부처에 우리 기업에 대한 환전지연 문제의 심각성을 알리고 조속한 해결을 촉구

■ '중앙은행' 측 요청으로, 당관은 가장 큰 어려움을 겪고 있는 4개 기업을 우선 선정하여 업체별 미환전 현황과 함께 '중앙은행'에 송부

■ 중앙은행' 측은 10.8 우리측이 제기한 4개 기업의 환전을 일괄 해결하겠다고 통보

<평가 및 시사점>

■ 주재국의 빈약한 외환 보유고에 기인한 고질적인 환전문제 해결을 위해서는, 대사관의 보다 적극적인 외환당국에 대한 문제 제기, 우리 고위급 인사 방문시 우즈벡측에 환전문제의 심각함을 거론하고 조속한 해결을 요구하는 방법 등이 장기적 차원에서 보다 효율적임.

거. 환경 문제

사례(칭다오): 과수농장의 환경오염 피해 예방

<사례개요>

■ 산동성 교남시에 소재하는 청도문경농산 유한공사(총경리 조강제)는 40만 평의 부지에 과수농장(배나무)을 운영, 교남시에서는 배 과수원에 인접한 지역에 쓰레기 매립장 건설을 계획하고 터파기 공사에 착수

■ 진출기업은 쓰레기장 건립시 과수 생산량 감소 및 해외에 배 수출시 중금속 검출 등을 우려, 매립장 건설 공사를 중단해 줄 것을 요청

■ 총영사관, 청도시 외사판공실 및 교남시에 공사착공 단계에서 사전 피해예방 조치를 취하고 적절한 보상을 요

청(09.4.10)

- 교남시정부는 공사 착공시부터 오수침하 예방시설을 설치하고, 쓰레기 운반 및 매립시 관리를 엄격히 하여, 과수농장에 피해가 발생하지 않도록 민원인과 조치계획에 합의(09.5.8)

<평가 및 시사점>

- 교남시정부가 쓰레기매립장을 타 지역으로 이전할 가능성이 없음을 미리 파악, 최대한의 피해예방에 초점을 맞춘 예방조치를 요구하고, 아울러 피해가 발생할 시 적정한 보상이 이루어져야 함을 강조한 결과, 원만한 선에서 기업의 이익의 확보가 가능

너. 체류 문제

1) 입국사증

사례(칠레): 취업비자 발급 기한 단축

<사례 개요>

- 2008.7월 이후 칠레에서 석탄화력발전소 240메가와트 2기(총공사비 8억 미불)를 건설중인 포스코건설은 공사에 투

입되는 고급 기술인력은 국내의 기술인력을 현장에 파견

■ 국내에서 칠레 공사현장에 파견되는 우리의 고급 기술인력은 입국시 비자를 받아야 하나, 비자발급이 신청으로부터 5-6주가 소요되고 긴급시에도 2-3주가 소요되는 등 공사 추진에 상당한 장애로 작용

■ 2008.3월 대사관은 칠레 외교부 영사국측에 주한 칠레 대사관의 현지 파견인력에 대한 비자발급 지연으로 인한 포스코 건설의 어려움을 설명, 비자발급 기간 단축에 대한 협조를 요청, 외교부 중남미국은 주한 칠레대사관을 접촉, 비자발급 기간의 단축도 아울러 요청

■ 칠레측, 일반의 비자발급 기간을 종전의 5-6주에서 2주 이내로 단축, 긴급의 경우 대사관을 통해 칠레 외교부 영사국에 통보하는 방식으로 종전의 2-3주에서 1주 이내로 단축

<평가 및 시사점>

■ 현지 진출기업 애로사항을 조기에 파악, 진출기업과 대사관이 공동으로 기업 해외진출의 핵심요소인 사증 발급 신속화에 성공한 사례

사례(뉴욕) IT기업의 전문인력 취업비자

<사례 개요>

- 미국에 투자한 IT 벤처기업 Psolenoid, Inc.사는 미국시장 진출을 위하여 미국 이민국(USCIS)에 한국으로부터의 전문인력(최고기술책임자 (CTO) 등)에 대한 미국 내 취업비자 신청

- 미국 내 실업률 증가 등 취업시장 악화로 인해 이민국측은 동 인력들에 대한 비자발급을 유보하고, 유사한 미국 내 인력으로 대체 권고

- 진출기업과 총영사관은 인력 파견의 불가피성과 IT업계의 특수한 기업환경 등을 설명하고, 특히 전문인력의 확보가 필수적인 상황에서 이를 현지인력 채용으로 완전히 대체하는 것은 기술 경쟁력 및 지재권 보호차원에서 매우 곤란한 사실임을 지적

- 2009.8월 동사의 직원 5명은 미 이민국의 승인을 얻어 취업비자(H1-B)를 취득

<평가 및 시사점>

- 미국 내 고용상황 악화로 미국 이민국측은 외국기업의 취업인력에 대한 비자발급을 갖가지 이유를 들어 최소화하고 있는 상황

- 민간 기업만의 노력으로는 문제해결이 쉽지 않은 상황이었으나, 총영사관이 신속히 기업애로를 파악하고 적극적으로 대응함으로써 아국 기업의 성공적인 해외진출 및 전문인력의 해외취업 확대를 지원한 사례

사례(투르크메니스탄): 우리 기업 직원 국제공항 억류

<사례 개요>

- 투르크메니스탄 인근지역에 주재, 아국 기업 직원이 업무차 투르크메니스탄을 8.16(일) 방문하였다가, 투르크메니스탄 입국 비자 초청장이 없다는 이유로 투르크메니스탄측에서 동인의 입국을 거부, 동인이 8.16(일)-19(수) 간 투르크메니스탄 아쉬하바드 국제공항에 억류

- 동 지사장은 8.16(일) 저녁에 투르크메니스탄에 도착해서 기다리면 8.17(월) 오전 중에는 반드시 투르크메니스탄 입국비자 초청장을 발급해 주겠다는 투르크메니스탄 정부 관리의 구두 약속을 믿고 투르크메니스탄에 입국 비자, 초청장 없이 입국했다가 동 정부관리가 약속을 지키지 않음에 따라 상기와 같은 상황 발생

- 대사관은 아쉬하바드 국제공항 및 투르크메니스탄 이민국을 방문하여 동 지사장에게 입국비자를 발급해 줄 것과 입국비자 발급이 어려운 경우 일단은 투르크메니스탄

입국을 허용해 줄 것을 촉구

■ 동인은 8.19(수) 오후에 투르크메니스탄 입국비자를 발급받아 입국하였으며, 예정대로 투르크메니스탄 고위 정부 인사들을 면담하고 8.21(금) 출국

<평가 및 시사점>

■ 투르크메니스탄은 폐쇄적인 관료주의 체제를 유지하고 있어 입국비자 초청장이 없이는 투르크메니스탄 공항에서 입국비자를 발급해 주는 경우가 없는바, 투르크메니스탄에 입국할 경우에는 반드시 사전에 입국비자 초청장 발급이 요구

■ 투르크메니스탄 정부관리들은 자신의 약속 등에 책임을 지지 않는 경우가 많이 있는바, 구두 약속만 믿고 중요하거나 위험이 있는 조치를 취할 경우에는 투르크메니스탄 정부관리들의 약속 불이행에 따라 상당한 고초를 겪을 수도 있음을 유의

사례(슬로바키아): 우리 기업 단기출장자 입국비자

<사례 개요>

■ 삼성 LCD 공장 직원 17명, 2008년 초 출장기일 촉박 등으로 인해 노동허가 등을 취득하지 않은 상태로 공장 장비

가동 점검 및 생산자 교육차 주재국에 입국(단기출장)

■ 주재국 외국인경찰, 2008.2.5 상기 17명을 불법근로 혐의로 연행 및 조사실시, 주재국 법규상 외국인이 7일 이상 근로하려면 노동허가와 체류허가 취득 필요(구비서류 준비 및 허가 취득에 1달 이상 소요)

■ 대사관 주재국 관계 요로에 상기 사례 재발방지를 위해 단기상용 비자 제도를 도입하고, 노동허가 및 체류허가 구비서류를 간소화해 주도록 요청

■ 주재국 외무부, 2008.10.3 외교공한을 통해 한국 주요 투자기업 직원에 대한 주한 슬로바키아 대사관의 단기상용 비자(90일 이내 근로, D비자) 발급제도 도입을 통보

<평가 및 시사점>

■ 투자기업과 대사관이 긴밀한 협력하에 주재국 관계요로에 대해 우리 기업의 애로사항을 적극 대변함으로써 주재국측이 우리 기업 단기 출장자에 대해 비자취득이 보다 용이한 입국허가 제도(D비자 등)를 도입하도록 유도한 사례

2) 체류사증

사례(헝가리): 지상사원 체류허가

<사례 개요>

■ 헝가리에 진출한 우리 기업 지상사 주재원들은 헝가리 법규에 따라 체류허가 기간을 매년 갱신해야 하므로 이에 상당한 시간과 노력이 소요되어, 현지 투자기업들의 가장 큰 애로사항 중 하나로 대두

■ 대사관은 상사 협의회측과 공동으로 주재국 요로와 접촉을 강화, 동 제도개선 필요성을 설명하고 적극적인 검토를 요청

■ 2007년 상반기 헝가리 정부는 헝가리 진출 투자기업의 핵심인원(key staff)에 대한 노동허가(체류허가 기간 부여의 기준) 기간을 1년에서 2년으로 연장

<평가 및 시사점>

■ 헝가리 고위인사 면담시 지상사 주재원들이 체류허가 신청과정에서 겪었던 애로점을 구체적으로 예시하는 한편, 헝가리가 여타 중부유럽 국가와의 FDI 유치 경쟁에서 우위를 점하기 위해서는 지상사원들에 대한 체류허가 개선 등 제도적인 조치가 보완되어야 한다는 점을 적극 설득한 것이 주효

사례(이집트): 현대자동차 직원 Work Permit 발급

<사례 개요>

- 현대자동차는 2008.1.1 아프리카 지역본부를 카이로에 개설 완료하였으나, 이집트 노동법의 Work Permit 발급제한 규정(외국인 1명 근무에 현지인 9명 채용) 관계로 업무진행에 애로 발생, 또한, 아프리카 판매 강화를 위해 직원 1명이 2009.8월 신규 부임하였으나 동일한 문제 봉착

- 현대자동차와 대사관은 이집트 정부측에 글로벌 선도기업인 현대자동차의 아프리카 본부의 이집트 이전과 아프리카 지역에 대한 기술전수를 위한 카이로 직업훈련소 설립계획을 통보하고, 노동부가 이러한 점을 참작하여 현대자동차 아프리카 지역본부 주재원 6명에 대한 Work Permit 발급에 적극 협조하여 줄 것을 요청

- 2009.04.28 이집트 노동부는 노동법의 Work Permit 발급제한 규정에도 불구하고 현대자동차 아프리카 지역본부 주재원 6명에게 Work Permit 발급, 11.04 노동부는 신규 부임 직원 1명에 대한 Work Permit 발급

<평가 및 시사점>

- 이집트 관행상 기업자체의 노력만으로는 해결될 수 없는 사항이라도 대사관이 적극 나서서 요청하는 경우 수용되

는 경우가 빈번함, 기업 애로사항 해결을 위한 정부의 노력이 예외적인 결과도출을 가능케 한 사례

3) 노동허가

사례(폴란드): 진출기업 노동허가 규정위반

<사례 개요>

- 폴란드 바르샤바 근교에 소재한 대우전자 현지법인이 직원을 임원으로 등재한 후 동인에 대한 체류허가 및 노동허가를 폴란드 노동부에 신청

- 폴란드 노동청은 체류허가 발급 후, 노동허가 심사과정에서 대우전자 직원의 임원등재가 노동부에 의해 승인되지 않은 사실을 발견(임원등재는 노동부 허가사항)

- 폴란드 노동청은 대우전자가 고의로 임원등재 신청을 하지 않은 것으로 판단, 관련임원 추방 및 향후 대우전자에 대한 노동허가 불허방침 등을 결정

- 대사관은 동건이 대우전자뿐 아니라, 현지진출 우리 기업 전체에 대한 출입국절차 강화로 이어질 가능성을 중요시, 노동부 등 폴란드 정부관계 요로에 대우전자의 임원등재 신고 미비가 고의가 아닌 과실이며, 동건에 대한 엄격한 제재는 한국기업의 대 폴란드 투자위축 초래 우

려 지적

■ 폴란드 노동부, 대우전자에 대한 제재조치 철회

<평가 및 시사점>

■ 아국 투자기업이 직원의 임원등재와 같은 업무처리를 주재국 법률가의 자문 없이 종전의 관행대로 처리, 특히 EU 가입 후 EU 수준으로 강화된 주재국 규정에 대한 미숙지로 야기된 사례

■ 유사사례 재발방지를 위해 여타 우리 진출기업들도 유의 필요

사례(독일): POSCO 직원 노동허가 문제 해결

<사례 개요>

■ 뒤셀도르프 소재 포스코(POSCO) 주재원들은 1995년 진출 이래 지난 12년 동안 사회보장비를 지불하지 않고, 노동허가와 비자를 취득

■ 2007년 말 동사 주재원 1인이 체류허가 연장신청 관련, 뒤셀도르프 연방노동사무소는 독일 사업자와의 유효한 고용계약이 맺어져 있지 않고, 고용계약과 관련된 사회보장비를 납부하고 있지 않다는 이유로 노동목적 체류인

정을 거부, 향후 다른 주재원에게도 동일하게 원칙적용 천명

- 2008.1 대사관은 뒤셀도르프 연방 노동사무소측의 조치가 한독사회 보장협정 위배임을 지적하고 지방자치단체와 시당국과 원만한 해결 협의

- 2008.8 신규부임 주재원의 비자발급 및 기존 주재원의 체류연장 취득, 뒤셀도르프 연방노동사무소 유사 사례 재발 방지를 약속

<평가 및 시사점>

- 한·독 양국 간 사회보장협정 체결로 사회보장비 납부의무 없는 우리 기업인에 대해, 독일 관리의 한독사회보장협정에 대한 이해의 부족에서 문제가 발생, 연방정부 · 지자체와의 알력관계 및 진출기업의 성급한 조치로 악화된 사태에 대사관이 개입, 원만히 해결한 사례

사례(상트페테르부르크): 진출기업의 노동허가 발급

<사례 개요>

- 아국 진출기업 현대자동차, (주)엠코 등은 직원에 대한 노동허가 발급에 장시간이 소요되고 쿼터가 부족하여 기업활동에 어려움이 노정, 현대자동차의 경우 현지 생산

공장 건립이 본격화됨에 따라 추가투입 인력에 대한 노동허가 쿼터 확대가 긴요

- 2008.10 총영사관 상트페테르부르크 시정부측에 노동 허가 취득 문제로 기업활동 및 공장설립에 어려움을 겪고 있는 현대자동차 등의 애로사항을 전달하고, 조속한 시일 내 필요한 만큼의 노동쿼터를 배정 요청

- 2008.12 현대자동차 2009-2010년간 노동허가 쿼터 확보, 2009.8 (주)엠코 일반 절차보다 수월한 절차를 통해 신규부임 직원들에 대한 추가 노동쿼터 확보

<평가 및 시사점>

- 노동허가 및 사증문제는 통관 애로와 함께 러시아에 진출한 외국 기업이 직면하고 있는 가장 큰 애로사항으로서 절차가 복잡하고 해결을 위해서는 수개월이 소요

- 진출기업 및 공관과 시정부, 이민청 등 관련기관간 긴밀한 협조를 통해 노동쿼터 확보관련 문제를 조기에 해결 가능

사례(이란): 진출기업 주재원 노동허가

<사례 개요>

- 이란 노동법에 의해 이란 주재 외국인 노동자는 매년 노

동비자를 갱신해야 하나, 위법행위가 없었음에 불구하고 당지 주재 대우인터내셔널(2009.3), SK네트웍스(2008.10), 현대종합상사(2009.1) 주재원들의 노동허가가 이란 노동부측에 의해 갱신 거부

- 진출기업 현지인 고용비율 준수(외국인 1 : 현지인 3), 대 이란투자 및 제품수입 애로에 대한 각사별 대응 논리 개진 및 근거자료 제출 등 이란 국내 법령준수 노력과 동시에, 노동허가 판단기준의 불투명성과 부당함을 관계기관에 호소

- 2009.4 대사관, 노동부측에 외국기업 활동에 대한 비합리적이고 모호한 규제개선과 노동허가문제의 조속한 해결 촉구

- 2009.6 노동부 아국 기업 주재원에 대한 노동허가 연장 승인

<평가 및 시사점>

- 이란 노동부는 이란 경제에 기여가 별반 없는 대이란 "단순수출업체"에는 굳이 노동허가를 내줄 필요가 없으며, 특히 우리 업체들이 현지 지사가 아닌 단순 연락사무소 형태로 영업 세금을 내지 않는다는 점을 내세워 강경입장을 고수

■ 노동허가 문제는 이란의 친기업 환경 분위기 조성의 걸림돌 중의 하나로서 이란의 해외 투자유치 정책, 민영화, 산업기반 조성 등에 악영향을 주고 있다는 사실을 지적하면서 지속적으로 이란 정부를 설득해 나갈 필요

4) 출국방해(여권압류) 등

사례(이란): 진출기업 근로자 억류

<사례 개요>

■ 이란에서 광산개발을 해 오던 우리 기업 S개발은 2008.7월 광구 내 막장 붕괴사고 및 이란 발주사와 계약이행 과정상의 갈등으로 현지법원에 형사 피소, 이란 발주사측은 막장 붕괴사고 및 생산량 미달에 대한 4,671만 불의 배상금을 S개발측에 요구하며 발주사가 보관중이던 우리 근로자 5명에 대한 여권 반환과 비자 연장을 거부

■ 2008.7월 S개발은 동 문제해결을 위한 대표단 4명을 파견, 붕괴사고와 관련한 현지 법원의 심리에 대응

■ 2008.7월 대사관, 이란 정부측에 이란 발주자측이 적법 근거 없이 강제 보관하고 있는 우리 근로자들의 여권 반환 및 공정하고 적법한 형사심리 진행을 요청

■ 2008.8월 이란 발주자측 우리 근로자 여권 반환, 형사고

소 취하, 2008.8.7 우리 근로자 5명은 당국으로부터 출국 비자를 받아 전원 귀국

<평가 및 시사점>

■ 상기 건은 계약 당사자간의 계약이행과 근로자의 억류 문제가 복합적으로 연계된 사안인 바, 계약이행 관계는 양 기업간의 협의로, 근로자 억류문제는 재외국민의 보호차원에서 별개 사안으로 접근, 해결을 추진한 아측의 접근방법이 주효한 사례

더. 형사관계

1) 구속, 수감 등

사례(슬로바키아): 투자기업 단기 파견직원 연행

<사례 개요>

■ 2008.2.5 우리 진출기업인 삼성 LCD 모듈공장에 현지 경찰이 불시단속을 시행, 본사 출장자 17명을 체류허가 없이 불법노동에 종사한 혐의로 경찰서로 연행된 사건이 발생

■ 슬로바키아에는 단기취업비자 제도가 없고, 노동 · 체류허

가 발급절차에는 3개월 이상 소요되기 때문에, 대부분 출장 직원들이 90일 무비자로 입국하여 업무를 수행하여 불법노동문제가 발생

- 진출기업과 대사관은 삼성 LCD 소재 지역을 관할하는 주정부측에 직원 연행 사건의 원만한 해결을 협조요청, 대사관 슬로바키아 외교부에 단기 파견직원 체류허가 개선방안 필요성을 제시하고, 구체적인 협의를 개시

- 2008.2.5 저녁, 슬로바키아 경찰 삼성 LCD 연행직원을 방면, 2008.10월 슬로바키아 정부 단기파견 전문인력의 합법적인 현지 체류를 위한 제도 개선(안) 제시

<평가 및 시사점>

- 우리 기업 파견직원의 경찰 연행과 관련, 대사관의 현지 경찰서를 직접 방문, 상황설명 등 신속한 대응이 주효, 조기 석방

- 슬로바키아 법제도상의 불합리한 점과 제도적 미비점의 개선을 위한 지속적인 협의가 진행중

2) 공탁금, 범칙금 부과

사례(요르단): 진출 기업에 대한 부당한 범칙금 부과

<사례 개요>

- 요르단 진출 아국 기업 S사 사무소는 요르단에 적을 둔 모든 기업은 요르단 내 변호사 지정을 의무화한 요르단 변호사법(Jordan Bar Association Law No.11, 1972) 제43조 위반으로 요르단 변호사협회(Bar Association)로부터 범칙금 부과(범칙금: JD 9,592(14,000불))

- 2008.3.10 진출기업과 대사관은 요르단 투자청에 요르단 투자법에서는 "외국계 연락사무소에 대해서는 제세, 회비 및 과징금 면제"를 규정하고 있다는 점을 들어, 연락사무소인 삼성전자에 변호사법에 의한 과징금 징수는 위법임을 지적

- 변호사협회, S사에 대한 범칙금 납부요청 임시 철회

<평가 및 시사점>

- 개도국의 경우, 법령 미비로 법규간의 상호 상충 요소가 많은 바, 업체 관점에서 충분한 이해 필요하다는 점을 예시한 사례

사례(칭다오): 법원공탁금 회수

<사례 개요>

- 2006.9월 청도글루빅 복장 유한공사(이하 청도글루빅)는 중국측 파트너의 부채로 인해 판매할 완제품이 법원에 가압류되자 공탁금을 지불하고 우선 물품을 회수하여 수출하였으나, 청도시 중급인민법원으로부터 관련 소명 자료 부실 등으로 공탁금 회수 지연

- 2007.5월 청도글루빅과 총영사관, 청도시 중급인민법원장의 협조 요청, 2007.6월 청도시 중급인민법원의 추가 증거수집 및 자료제출 요구에 청도글루빅 신속 대응

- 2008.3월 청도시 중급인민법원은 청도글루빅에게 공탁금 20만 위안(약 27,000불) 반환

<평가 및 시사점>

- 청도글루빅 측이 청도시 중급인민법원에 제출한 서류가 부실하여 소명에 많은 시간이 소요된 바, 우리 기업들이 평소 영업과정에 향후 발생할 수 있는 법률분쟁에 대비, 회계 및 자재거래내역서 등을 주의 깊게 관리해 나가는 노력 중요

러. 소송관계

사례(몽골): 한국기업 미수금 소송 패소

<사례 개요>

■ 대우인터내셔널(3.3천만 불), LG(3.8천만 불) 총 71백만 불의 신용장 미수금 문제 발생, 대우측 관련 신용장 개설 몽골 은행에 대한 소송제기

■ 2003년 한국의 수출업체인 노마랑사는 몽골의 수입자와 수출계약을 체결하고 신용장을 대우인터내셔널과 LG에 양도(수출물품은 가구류 및 육류가공설비 등), 2004년 신용장을 개설한 몽골 은행들은 노마랑과 수입자가 체결한 "수입자가 신용장 개설은행에게 대금상환을 지체할 경우, 노마랑이 이를 직접 해결하며 은행은 노마랑에게 신용장상의 어떤 책임도 지지 않는다"는 이면계약을 근거로 대금지급을 거부

■ 06년 피해기업과 대사관의 노력으로 미수금 총 71백만 불 중 일부 회수(GB로부터 대우 3백만 불, LG 8백만 불 회수), 이후 LG는 동 문제에 관한 소제기를 포기, 손비 처리

■ 대우인터내셔널은 관련은행, 지방법원, 고등법원, 대법원, 중앙은행장 등을 접촉하여 공정한 판결요청 및 은행지분 참여 등 원만한 타결 방안 제시

- 대사관은 몽골측 요로에 대우인터내셔널의 신용장 문제가 원만히 해결될 수 있도록 협조요청, 국제상법에 입각한 공정한 재판을 요구

- 2009.6월 몽골 대법원의 1차판결에서 대우패소, 2009.9.23 대법원 전원 합의체 회부 여부에 대해 각하 결정, 몽골은행과 한국 수출업자인 노마랑 간에 체결한 이면계약을 근거로 MPB는 대우측에 신용장대금을 납부할 필요 없다고 판시

<평가 및 시사점>

- 이면계약만을 근거로 한 한국기업의 패소판결은 몽골 사법부가 국제적으로 통용되고 있는 신용장통일규칙을 적용치 않은 데 기인하는 바, 이는 국제상법과는 괴리된 판결로 향후 한국투자자들이 대몽골투자에 있어서 유의해야 할 사항

- 몽골에는 16개 은행이 운영되고 있으나, 이 중 상당수는 자본잠식상태로 실질적인 파산상태에 있는바, 투자시 이러한 현지 사정을 경시하고 높은 이자율(현지화의 경우 18%, 외환의 경우 8%)에 현혹되는 경향이 있음.

사례(파라과이): 금호타이어 대리점 자산보호 법정소송

<사례 개요>

■ 금호타이어 파라과이 대리점은 파라과이 유력 기업인 Doutreleau 소유 대지를 임차해 영업활동을 해 오던 중 임차료 인상문제로 2008. 5월 임대차관계를 종료한 후, 동 대지에 영업을 위해 건립한 건축물자재를 회수하려 하였으나, 임대인측이 사법부에 대한 정치적 압력과 뇌물을 통해 2008.9.23 동 가건물의 소유권을 인정받는 1심 법원판결을 받아냄

■ 금호타이어와 대사관은 파라과이 법원 등 관련기관에 공정한 사법처리를 요청하고, 고등법원에 항소를 제기한 바, 2009.6.25 고등법원은 1심판결에 대한 금호의 항소를 받아들이기로 결정하고 금호의 자산 반출권리 인정 판결

■ 2009.7.15 Doutreleau측은 대법원에 상기 고등법원 판결의 위헌심사 요청 및 판결무효 상소원 제출

<평가 및 시사점>

■ 파라과이 사법부는 정치적 압력과 뇌물에 따라 부당한 판결을 내리는 경향을 보여, 사법부가 부패의 온상으로 지목되어 온 바, 파라과이에 신규 진출하는 아국 기업은 사업파트너, 변호사 선정시 보다 세심하게 사전 정보를

파악할 필요

머. 치안 불안

1) 기업인 납치

사례(과테말라): 동포 기업인 납치

<사례 개요>

- 2009.9.18 18:10경 동포 기업인 A씨가 퇴근하던 중 신원미상의 괴한 3명으로부터 피납, 동일 야간 납치조직이 피납자의 가족에게 전화하여 몸값으로 미화 2만 불을 요구, 이에 응하지 않을시 피납자를 살해하겠다고 협박

- 2009.9.18 대사관, 주재국 정부 요로에 피납자의 안전한 구출 및 여타 진출업체에 대한 치안 강화조치를 요청, 피납자의 가족을 방문하여 납치조직과의 몸값 협상 요령 및 유의사항 등 설명하고, 몸값 협상 진행중 상황변화에 따른 지침을 제시

- 대사관과 경찰당국과의 긴밀한 협조하에 납치조직과 협상을 진행, 피납 후 만 24시간 만인 2009.9.19 19:00경에 피납자가 무사히 귀환하였으며, 해당 기업 및 여타 동포 기업들의 유사 피해방지를 위해 범인검거를 위한 수사

진행

<평가 및 시사점>

- 과테말라는 라틴아메리카 국가들 중 치안이 가장 불안한 나라이며, 기업환경에 있어서도 치안불안이 가장 큰 장애요소로 작용하고 있으므로, 우리 기업 진출시 안전문제에 대한 우선적 고려 필요

- 납치사건의 경우 과테말라 수사당국이나 대사관에 신고하지 않고 피납자 가족이 납치범들과 직접 석방금 협상을 할 경우, 석방금이 고액으로 요구되고 종국에는 피납자가 살해될 가능성이 농후한바, 수사 전문가(파견 경찰영사 또는 현지 수사관)의 협조 아래 협상에 임하는 것이 긴요

2) 강도 사건

사례(칭다오): 진출기업 강도피해

<사례 개요>

- 2006.5. 청도시 성양구에 소재한 청도보우 공예품 유한공사에 신원 불명의 총기를 소지한 괴한들이 난입하여 120만 위안에 달하는 모조 보석품을 도난당함.

■ 총영사관은 산동성 지방정부측에 동 유한공사에 침입한 범인 검거 및 도난당한 물품 회수를 요청, 또한 우리 투자기업 및 교민들의 안전을 위한 보다 강력한 치안 강화 조치를 취해 줄 것을 촉구

■ 산동성 공안청장 주도로 청도시 공안국은 강력한 범인 색출 활동을 전개, 사건 발생 일주일 만에 범인 9명 전원을 검거하고 도난당한 물품을 회수

<평가 및 시사점>

■ 사회주의 체제를 유지하고 있는 중국은 사회전반에 대한 정부의 영향력이 큰 상황이라 사건발생시 적극적으로 공안당국과 긴밀히 대처한 결과, 조기에 사건을 해결, 유사한 사례 발생시 평소 구축한 유대관계를 바탕으로 공안당국에 적극적으로 대응토록 촉구하는 것이 필요

사례(멕시코): 핸드폰 단말기 강탈

<사례 개요>

■ 핸드폰 단말기를 생산하는 우리 기업은 멕시코 내 판매를 위해 중국 등지에서 생산된 제품을 정기적으로 항공운송하고 공항도착 후 차량 운송하는 바, 도로 운송과정에서 단말기 적재 차량이 무장 강도들에 의해 강탈당하

는 사례가 빈번, 2008.11월 2건(35만 불), 2009.9월 1건(86만 불)의 강탈사건이 발생하여 연간 100만 불의 물질적 손해 추산

■ 피해기업과 대사관은 5.14 멕시코시 정부측에 멕시코 내 한인사회 및 진출기업들이 당면하고 있는 치안불안 문제를 제기, 예방대책 촉구

■ 멕시코시티 경찰청은 아국 업체의 제품 운송시, 사전에 정보를 제공하면 경찰 순찰차량을 이용해 공항에서부터 물류보관창고까지 전 노선의 경호를 약속, 치안당국과 협조, 아국 기업들의 수출입 관련 물류활동에 대한 보안 지원 시스템 구축 추진

<평가 및 시사점>

■ 핸드폰 단말기는 부피에 비해 고가이며 바로 암시장에서 현금화할 수 있어 범죄 집단에게는 매력 있는 표적이므로 향후에도 유사한 사건발생 가능성을 불배제, 멕시코시티 경찰청과의 지속적인 협력유지 및 회사내부에서 화물운송에 대한 정보의 철저한 보안유지가 요구

3) 무역분규로 인한 불법감금

사례(중국): 대금지급지연으로 야기된 불법감금

<사례 개요>

- 2007.12 무역업자 A는 중국 하북성 바오띵시(保定市) 소재 중국인 공장에 인조용 가죽가방 4,000개를 주문하여 3,400개를 생산한 다음, 1,000개를 먼저 인수해 한국으로 납품하였으나, 판매부진과 높은 제품불량으로 반품이 많아 중국인 공장주에 대한 대금을 지불 지체

- 2008.8 중국인 채권자에 의해 중국 공장에 불법감금된 A는 한국대사관에 신변보호 요청, 2008.8.17 대사관은 하북성 관련처에 한국인 L씨에 대한 신변보호 협조요청, 불법감금 문제는 곧바로 해소되었으며 무역분쟁 문제도 상호 협의를 통해 원만한 합의에 도달

<평가 및 시사점>

- 불법감금 피해자측의 기민한 대처로 대사관은 민원접수 즉시 중국지방정부에 협조를 요청, 지방 공안청으로 하여금 지체 없이 대응조치를 강구, 위험상황을 방지한 사례

4) 공갈에 의한 금품 갈취

사례(과테말라): 봉제업체에 대한 금품갈취 협박

<사례 개요>

- 2008.7월 과테말라 금품갈취조직이 동포 운영업체 '삼덕'(근로자 550여 명)과 'Genesis'(근로자 1,000여 명)에 전화를 걸어 금품(근로자 1인당 월 7-8불 상당)을 요구, 이에 응하지 않을 시 동 업체 근로자들을 살해하겠다고 협박

- 금품갈취 협박조직은 동일 오후 퇴근시 동 업체들의 근로자에게 무차별 총격을 가해 다수의 사상자 발생

- 2008.7.18 및 7.21 대사관은 주재국 경찰청에 범인 검거를 위한 신속한 사건 수사 및 추가 피해예방을 위한 현장에의 경찰력 파견 요청

- 2008.7 대사관은 주재국 고위 요로에 동 사건들의 조기 수습이 이루어지지 않는 경우 향후 우리 기업의 주재국에 대한 신규투자 진출에도 부정적 영향을 미칠 수 있음을 지적

- 주재국 경찰의 적극적인 사건 개입으로 상기 봉제업체에 대한 금품갈취 협박조직단 6명 검거

<평가 및 시사점>

■ 과테말라와 같은 개발도상국의 경우, 기업 경영상의 주요 애로사항 중 하나는 치안 문제인 바, 우리 기업 진출 시 안전문제에 대한 적극적인 고려가 긴요

5) 오지 지역 치안확보

사례(예멘): 지방 부족의 송전선 공사 방해

<사례 개요>

■ 현대건설은 2006.2월 이후 예멘 수도 사나(Sana'a)에서 동부 유전지대 마립(Marib)간 400KV 송전선 공사를 진행해 왔으나(공사비 6,500만 불), 공사현장 여러 곳에서 지방 부족민, 토지소유주, 부랑자 등에 의한 근로자 납치, 차량 탈취, 전선절단 등 작업방해로 예정기간 내(2008.2월) 공사를 완료시키지 못하고 계속 지연

■ 현대건설과 대사관은 주재국측에 공사현장에서 안전이 확보되고, 작업방해 문제가 조속히 해결되도록 적극적인 조치를 취해 줄 것을 요청

■ 어려움을 겪던 공사현장 대부분 지역에서 치안문제 해결

<평가 및 시사점>

■ 예멘에서는 지방 공사현장에서 지방부족들의 작업 방해가 지방 건설사업 수행의 주요 장애 요인으로 작용해 왔는바, 예멘 정부 고위급 정부 관계자 및 군당국 실력자의 접촉이 애로사항 해소에 직접적인 효과를 발휘한 사례

■ 예멘과 같이 행정절차가 지연되고 열악한 나라의 경우, 우리 기업뿐 아니라 대사관이 함께 예멘정부에 애로를 적극 제기해야 현안해소가 용이한 것으로 판단

버. 비상사태

사례(레바논): 한전 운영발전소에 대한 전쟁 피해 방지

<사례 개요>

■ 2006.7.12-8.14 간 지속된 이스라엘-헤즈볼라 간 교전 발발시, 레바논 내 발전시설이 이스라엘군에 의한 폭격 대상이 될 가능성이 높은 상황에 따라, 한전이 운용중인 발전소 2곳에 대한 전쟁 피해 예상

■ 2006.7월 레바논 사태 악화에 따라 대사관은 우선 레바논 남부 Zahrani 발전소를 운영중인 한전직원 3명을 안전한 지역으로 대피토록 하는 한편, 주재국 전력청(EDL)측과

비상시 발전소 운영방안에 대해 협의하도록 권고

- 외교부 본부를 통해 이스라엘측에 상기 2개 발전소의 운영을 아국 한전측이 맡고 있음을 알리고, 가능한 동 발전소에 대한 폭격자제를 요청

- 34일간의 교전기간 중 레바논 내 여타 발전소 2곳이 이스라엘군의 폭격으로 큰 피해를 입은 데 반해, 한전이 운영하는 발전소에는 피해 무

<평가 및 시사점>

- 우리 기업이 분쟁예상 지역의 프로젝트성 사업에 참여할 경우 사전에 비상대책을 반드시 세우고 이에 대해 대사관과 미리 협의하는 것이 필요하며, 특히 계약체결 전 전쟁 또는 분쟁발생시를 대비한 '불가항력(Force Majeure) 조항' 등 관련 사항의 면밀한 검토 필요

사례(레바논): 비상사태시 아국인 안전 출국

<사례 개요>

- 2008.5.7 이후 레바논 베이루트 시내 등에서 지속된 여야간 지지자간 무력충돌로 인해 60여 명 이상이 사망하고 200여 명 이상이 부상, 베이루트 국제공항로가 봉쇄(헤즈볼라 지지세력 등이 도로 점거)되어, 민간인들의 공항을 통

한 출국이 수주간 불가능

- 2008.5.12 대사관, 레바논 출장 한전 기술자 2명 등을 포함한 단기 체류자 4명을 레바논 보안군 4명의 에스코트 하의 시리아로의 육로 이동 지원
- 시리아 국경까지 대사관 차량 제공, 국경-다마스커스 간 교통편은 다마스커스 주재 태권도 사범이 차량 임차 주선, 한전 기술자 2명 무사 귀국

<평가 및 시사점>

- 비상사태를 대비한 안전대책을 상시 마련, 비상시 진출기업과 재외공관간의 긴밀한 협력하에 신속하게 긴급상황에 대처해야 할 필요성을 예시한 사례

3 통상관련 사례

가. 반 덤 핑

덤핑을 "원가보다 싸게 파는 것"이라고 인식하는 경우가 많지만, WTO협정상의 덤핑은 "국내시장에 일반적으로 파는 것보다 낮은 가격으로 수출하여 수입국의 산업에 피해를 주는 것"을 의미한다.

즉, 덤핑의 존재와 피해가 덤핑의 요건이 된다. 피해를 입었다고 주장하는 수입국 국내산업이 덤핑조사를 청원하면 덤핑절차가 개시된다. 덤핑이 있었다고 판정되면 덤핑 마진(margin)만큼의 반덤핑 관세가 부과된다. 덤핑 판정에 이의가 있으면, 수출업체는 자국 정부에 요청하여 WTO분쟁 해결절차를 통하여 수입국 조치의 합법성 여부를 디툴 수 있다

덤핑은 수입국 업체들이 가장 애용하는 수입저지 수단이다. 박빙의 경쟁을 하고 있는 상태에서 추가 관세를 부담하는 것은 수출국 업체에 치명타가 되기 쉽다. 또한 덤핑조사절차에 대응하기 위해서는 막대한 변호사 비용

을 부담해야 하는데 이것 또한 막중한 부담이다.

따라서 덤핑조사가 결정된 단계에서 수출업체는 아래 중에서 어떤 접근방식을 택할 것인지에 관한 결단을 내리는 것이 좋다.

1) 끝까지 법적 대응을 계속하는 방안
2) 이른바 가격약속(price undertaking)을 통해 수입국 당국의 덤핑조사 철회를 유도하는 방안: 이는 자발적으로(수입국 당국과의 협상을 통하여) 가격을 인하해서 덤핑의 소지를 없애고 이에 입각해서 덤핑조사 절차를 중지하는 방안임.
3) 해당 수입국 시장에서 철수하는 방안

사례(EU): 양문형 냉장고 반덤핑 관세 부과

<사례 개요>

■ 2005년 Whirlpool사는 대우전자, LG전자, 삼성전자의 양문형 냉장고에 대한 덤핑문제를 제기, EU집행위원회는 반덤핑 조사를 개시

■ EU집행위의 반덤핑 조사과정에서 양문형 냉장고가 아닌 3-door 냉장고까지 조사대상에 포함 예정, EU 내 3-door 냉장고 시장에서 독보적인 시장 점유율을 유지해 온 우리 기업들의 막대한 피해가 우려되는 상황

- EU집행위는 우리 냉장고에 대해 예비판정으로 잠정관세를 부과

- 삼성전자에 대한 EU측 가격조사 샘플링 및 가격비교 방법상의 문제점, LG전자의 3DBF제품이 양문형 냉장고 조사대상에서 제외된다는 점을 사진과 도면을 활용, 구체적으로 제시, 업계는 대책반을 구성하고 현지 및 국내에 변호사를 고용

- 외교통상부는 관련 업계와의 간담회를 거쳐 통상교섭조정관 명의의 서한을 전달하고 수입규제대책반을 EU에 파견

- 한·EU외교장관회담, 한·EU통상장관회담, 한·EU공동위 등에서 거론하고, 통상교섭본부장과 EU통상담당집행위원간의 서한 교환 및 정부입장서 전달 등을 통해 우리측 입장을 강력하게 개진

- EU대표부는 반덤핑 자문위원들을 대상으로 적극적인 설득으로 반덤핑자문위에서 우리측 입장을 지지하는 의견들이 다수 제기되도록 교섭, 제소기업측의 집요한 대 EU 로비에도 불구, 집행위의 당초 입장을 변경시키는데 기여

- EU 주요 회원국과의 개별교섭도 병행, 독일, 프랑스, 영

국, 이탈리아, 덴마크, 리투아니아 등의 관할 대사관에서 해당국의 반덤핑 위원을 접촉(이른바 all court pressing 전략 구사)

- 삼성 양문형 냉장고 및 LG 3-door 냉장고는 반덤핑 조치 대상에서 제외, 대우 및 LG 양문형 냉장고의 반덤핑 관세율은 대폭 감소(각각 9.1%→3.4%, 14.3%→12.2%)

<평가 및 시사점>

- 외교통상부의 원칙적 교섭에 이어, 재외공관에서 동 예비판정의 문제점을 집중 제기하고, 이러한 교섭결과를 업계와 공유함으로써 본부와 공관, 그리고 공관간의 유기적인 협조가 집행위의 당초 입장을 변경시키는 데 기여

- EU의 반덤핑 조치 결정시 각 회원국들의 입장이 중요하므로 전 EU주재 공관이 주EU대표부와 협력하여 사전에 각 회원국들을 설득, EU 전체차원에서 우리에게 유리한 결정을 얻어낸 사례

- 양문형 냉장고에 3-door 냉장고가 포함되지 않는다는 점을 집중 설명하여 3-door 냉장고가 EU의 반덤핑 조치대상에서 제외됨으로써, 우리나라 기업들이 지속적으로 3-door 시장을 주도

■ 통상적으로 EU집행위가 예비판정을 번복하는 경우는 드문 바, Whirlpool사가 방심한 사이에 전격적으로 역전에 성공

사례(캐나다): 스테인리스강선 반덤핑관세 종료재심

<사례 개요>

■ 캐나다 정부는 2004년 이후 한국산 스테인리스 강선에 대해 반덤핑관세를 부과해 왔는바, 2009년 동 반덤핑관세 부과조치의 시한종료를 앞두고 종료재심(expiry review)이 개시

■ 캐나다 정부의 반덤핑관세 부과 이후 우리 기업의 대 캐나다 수출이 사실상 막혀있는 상황이 지속되었으며(06년 61kg, 07년 637kg, 08년 1-9월 1kg 수출에 불과), 별도의 구체적인 대응조치를 취하지 못한 상태

■ 재심에 즈음하여 외교통상부는 업계와 협조하여 아래 요지의 대응논리를 개발하고 현지 대사관에 이를 활용한 적극 교섭을 지시

* G20 정상회의에서 합의한 standstill 원칙의 적용, 한국산 스테인리스 강선의 수입량은 미소물량으로서 캐나다 정부의 반덤핑관세 부과조치 연장은 부당, 원자재로 사용되는 스테인리스 강선에 대한 반덤핑관세 철폐는 캐나

다 관련 산업의 경쟁력에도 도움이 된다는 논리

■ 캐나다 국제무역재판소는 종료재심에서 한국산(스위스산 등 포함) 스테인리스 강선에 대한 반덤핑관세 부과조치가 종료되어도 캐나다 국내산업에 피해를 줄 가능성이 없다고 최종 판정하고 반덤핑관세를 철회

<평가 및 시사점>

■ 본건은 비교적 간단한 사안이었음에도 불구, 규모가 작은 우리 기업들이 비용부담을 우려하여 대응조치를 고려하지 않는 상황

■ 이런 상황에서 우리 정부의 의견서는 반덤핑 절차에서 공식적인 문서라고 할 수는 없으며, 캐나다측도 이를 공식문서로 접수할 수 없다는 입장을 밝힌 바 있음.

■ 그러나 캐나다측의 판정이유서를 보면, 외교통상부가 제기한 논리들(경제위기 이후의 국제사회 규범논의 반영, 미소물량 제시 등)이 많이 반영되어 있어 우리 기업에 대한 반덤핑관세를 철폐하는 데 기여한 것으로 관찰됨.

나. 세이프가드

세이프가드(Safeguard)는 수출자측의 책임과 관계없이 수입국의 국내산업이 수입의 급증으로 인해 피해를 입거나 피해가 발생할 우려가 있는 경우에 특정상품의 수입을 일시적으로 제한하는 일종의 안전조치라 할 수 있다. 여기에서의 피해는 물론 "심각한 피해"이어야 한다.

세이프가드의 적용기간은 4년을 초과할 수 없다. 원칙적으로 세이프가드는 특정 상품의 수출국 모두에게 부과되어야 하나, 특정국가로부터의 수출이 불균형적으로 급속하게 증가할 경우에는 수출국간 쿼터 배정에서 특별한 고려를 할 수 있다.

사례(러시아): 시안화나트륨(NaCN)에 대한 세이프가드

<사례 개요>

- 2006년 러시아 시안화나트륨 독점 생산업체인 Korund사는 한국산 시안화나트륨 제품(러시아 수입량의 95% 이상 점유)의 수입급증으로 러시아산 제품의 시장점유율이 급감하여 산업피해가 발생하였다고 주장하면서 제소하고, 러시아 정부가 세이프가드 조사를 개시

- 우리 정부는 정밀화학공업진흥회 및 관련업계와 대책회의 개최, 변호사 선임 알선 등 협조체제를 구축하고, 우

리 정부 및 관련기업들로 구성된 민관대표단을 러시아에 파견, 러시아 수입업체 및 관련협회(금광제련 연맹)와 공조체제를 구축하여 러시아 정부를 상대로 적극적인 교섭을 전개, 주 러시아대사관을 중심으로 무역협회, KOTRA 등과의 협조를 통하여 집요한 현지교섭 시행

- 러시아 정부측 주최 공청회에 참석, 러시아 수입업체 및 단체와 공조하여 제소업체의 주장이 부당하다는 점을 집중 부각

- 한·러 통상장관회담시의 협조요청, 통상장관 서한 전달 등 고위인사 지원도 병행

- 러시아 정부는 세이프가드 조치 근거가 없다는 결론으로 기각 결정

<평가 및 시사점>

- 정부와 업계 간 공조체제의 중요성을 재인식시킨 사례

다. 상계관세

> WTO협정은 국가(기관)에 의한 보조금의 지급을 원칙적으로 금지하고 있다. 나아가 보조금의 효과를 상쇄(상

계)시키기 위해 일반 관세에 추가하여 '상계관세'를 부과하는 것을 인정하고 있다. 보조금에 관한 문제는 농업관계 보조금이 주된 논란의 대상이나, 제조업이나 서비스업의 경우에도 금융특혜의 제공, 정부에 의한 직간접 보조금의 지급이 문제가 될 수 있다.

반덤핑의 경우와 마찬가지로, 상계관세에 대해서도 수출자측에서 가격인상안을 제시하고 조사당국에서 이에 만족할 경우에는 상계관세의 부과 없이 조사를 정지하거나 종결할 길이 열려 있다.

이하에서는 상계관세와 관련하여 한국정부가 각각 미국, EU 및 일본과 상대하여 투쟁한 이른바 "상계관세 전쟁"의 개요 및 일본과의 후속 이행관련 사례를 설명한다.

사례(한국 vs 미국, EU, 일본): Hynix반도체 D-RAM분쟁

<사례 개요>

- 1990년대 초에 설립된 한국의 Hynix반도체(주)는 공격적인 마케팅과 시설확장으로 반도체(DRAM등)의 시장점유율을 급속히 늘려감으로써 미국의 Micron, 유럽의 Infineon, 삼성반도체 등 기존 반도체 강자들의 지위를 위협

- 그러나 Hynix의 시설확장은 대부분 은행 채무로 조달되었던 바, 1997-98의 금융위기가 도래하자 Hynix는 채무상환 압력을 받게 되고 막대한 금융비용을 조달할 수 없어

사실상의 지급불능 상태에 봉착

- Hynix의 위기 타개를 지원하기 위해 국내은행들은 시중은행들의 제휴융자(sydicated loan), 산업은행의 장기저리융자, 채권은행들의 채권을 투자지분으로 전환, 수출보험공사의 지급보증들의 조치 시행

- Hynix는 구제조치에도 불구하고 재정적으로는 불안한 상태에 있었으나, 시장점유율을 꾸준히 확대추진, 이에 불안감을 느낀 Micron사 및 Infineon사는 각각 Hynix에 대한 인수협상을 벌였으나 실패하자, 2002년에 Micron사는 미국과 일본(동사의 자회사 소재), Infineon사는 EU의 관계기관에 상계관세 부과를 청원, 이들 3개국 관계기관은 공히 청원을 수락하여 조사를 개시, 그 결과로 3국 모두 Hynix 수출품에 상계관세를 부과(미, EU, 일본은 각각 44.29%, 34.8%, 27.2%의 높은 상계관세 부과)

- 이에 대해 한국정부는 2003-2006년간 이들 3개국의 상계관세 부과가 WTO 보조금 및 상계관세 협정(WTO Agreement on Subsidies and Countervailing Measures: 통칭 SCM협정) 등의 위반이라고 주장하면서 WTO 분쟁해결절차를 통하여 미국, EU, 일본 등 3대 강국을 상대로 이른바 '상계관세전쟁' 을 개시

- 동건은 미국, EU, 일본에 대해 별개로 제기, 3개국 공히

상계관세율을 낮추는 데에 성공, 특히 일본에 대한 분쟁 결과는 특히 우리에게 유리

<평가 및 시사점>

- 한국은 종래 기업이든 정부든 WTO 등에서의 법적 투쟁보다는 주재국 당국과의 양자적 교섭에 의한 문제해결을 선호하는 경향, Hynix Case는 이러한 대외적 인식을 바꾸는 분수령적 사건으로 평가

- 우리 업체로서도 외국과의 분쟁이 있을 경우 정부와 상의하여 WTO의 분쟁해결절차를 이용한 분쟁해결을 적극 검토해 보는 것이 바람직함.

사례(일본): 하이닉스 D-RAM 상계관세 부과

<사례 개요>

- 일본은 2006년부터 하이닉스 D-RAM에 27.2%의 상계관세를 부과해 온바, WTO 분쟁해결절차의 결과로 2008.9.1부터 상계관세 일부(18.1%)를 철폐 예정

- 우리 정부는 일본의 상계관세 일부 철폐로는 WTO판성을 완전히 이행하지 못한 것이라는 판단에 따라, 2008.9.23 WTO 판정 이행의 적절성 여부를 가리기 위한 이행패널을 설치하고, 주일대사관 등 외교 채널을 통해서도 일본

측에 판정의 완전한 이행을 지속 요구

■ 하이닉스사는, 정부의 WTO 이행패널과는 별도로 상계관세 철폐를 위한 일본 국내재심(사정변경재심) 신청, 주일대사관 하이닉스사와 긴밀히 협조하에 일본정부 요로와 지속적으로 접촉

■ 일본 재무성 산하 관세외국환심의회에서 상계관세(9.1%) 철폐 결정

<평가 및 시사점>

■ 우리 기업(하이닉스)과 정부와의 긴밀한 협력을 통해 일본 정부의 당국자 접촉시에 일관되고 통일된 우리 입장을 전달할 수 있었던 것이 상계관세 철폐에 기여 평가

라. 수입쿼터

> 수입쿼터는 WTO협정상 명시적으로 인정되는 경우(예: 한국의 쌀)를 제외하고는 원칙적으로 금지된다.
>
> 이와 관련, 일본의 김 수입쿼터와 관련된 협상을 양자와 다자 측면에서 동시에 시행하여 이익을 낸 사례를 예시한다.

사례(일본): 김 수입쿼터

<사례 개요>

- 일본정부가 한국에게만 독점적으로 부여하던 김 수입쿼터(IQ)를 우리정부와 협의 없이 05년부터 중국에게도 할당하기로 결정함에 따라, 우리정부는 일본의 김 수입쿼터 제도를 WTO에 제소, 아울러 일본 정부 요로에 대한 설득 작업도 동시 시행

- WTO패널에서 일본의 불리가 명백해진 시점에서 양국은 양자협의를 갖고 일본이 우리측에 대한 쿼터 배정물량을 기존대비 5배 증량을 약속함으로써 문제 해결

<평가 및 시사점>

- 동건은 우리가 Two-track Approach를 써서 성공한 대표적 사례, 일본측은 WTO 패널에서 우리측 승소가 유력시되자, 양자협의를 통한 타협방안을 모색하기 시작

- 그 결과로 일본 김 시장에서 우리가 우월적이고 장기 안정적인 공급자로서의 지위를 확보하는 데 성공

- 중국산 수입 김에서 농약이 검출됨에 따라 중국산 김의 대일수출이 감소함에 따라 우리의 지위는 더욱 확고해짐.

마. 관세와 통관(WTO 관련사항)

사례(독일): LG DMB폰에 대한 관세부과

<사례 개요>

■ LG전자 독일 판매법인은 TV 수신용 칩(chip)이 내장된 신형 휴대폰을 판매하기 위하여 독일 세관당국에 수입관세율을 질의, 독일 뮌헨세관은 DMB 휴대폰이 핸드폰, MP3 및 TV의 기능이 복합되어 있는 물품으로서 14%의 관세율이 적용된다고 회신

■ 주독대사관은 우선 LG전자에게 독일 지방관세청을 상대로 BTI에 대한 이의신청 절차를 진행하도록 조언하는 한편, 외교통상부에 정보기술협정 위반사항을 세계무역기구(WTO)에 제소하는 방안을 타진

■ 정보기술협정(ITA: Information Technology Agreement)은 1997.4 우리나라와 EU를 포함한 29개국이 체결한 국제협약으로서, ITA 위반사항에 대해서는 세계무역기구(WTO)에 제소 가능

■ EU 관세법에 의하면, 한국에서 수입되는 TV에 대해서는 14%의 관세율 적용되며, 핸드폰에 대해서는 정보기술협정(ITA)에 의해 관세가 부과되지 않음.

■ 외교통상부는 WTO의 EC-ITA 분쟁(미국, 일본, 대만)에 주

제네바대표부를 통해 제3자 참여 입장을 통보하고, WCO HS 품목분류위원회와의 협의 등 관련내용을 면밀히 파악 후 DMB 핸드폰을 WTO에 직접 제소하는 방안 검토

■ LG전자가 독일 세관당국에 제기한 이의신청에 대한 결정이 나오는 것을 보아 WTO제소 여부를 결정 예정

<평가 및 시사점>

■ 업계와 정부의 협조 대응 사례

■ 양자와 다자 채널의 겸용으로 상대국에 대한 압력 제고

바. 검역 및 식품위생

> 검역과 식품위생 분야는 최근 건강에 대한 인식이 제고되면서 수입제한의 근거로 자주 이용된다. 그러나 안전도에 관한 근거가 뚜렷이 확립되기 어렵다는 특성 때문에 분쟁의 대상이 되기 쉽다.

사례(대만): 병충해 관련 한국산 과일 수입금지

<사례 개요>

■ 대만 동식물방역검역국은 05.3.3일 일본산 수입사과에서

대만에 없는 복숭아 심식나방 유충이 발견된 것과 관련하여, 동 병해충의 존재국가(한국, 일본, 북한, 중국, 러시아)로부터의 과일 수입을 금지할 것임을 입법예고

- 주 대만대표부에서는 농림부 국립식물검역소로부터 한국의 동 병해충 조치 관련 전문자료를 제공받아 대만측에 수차 전달하고 대만측 관계당국과 동 수입금지 조치 발효시기를 연기하고, '한국의 수출검역조건부 한국산 과일 수입방안' 에 대해 협의, 대만 식물검역담당자의 한국 현지 실태조사 실시

- 한국의 자가 수출검역을 조건부로 과일을 수입할 수 있도록 한다는 '수출검역 조건부 한국산 과일 수입방안' 에 최종 합의하고, 대만정부는 '수출검역 조건부 한국산 과일 수입방안' 을 정식 공고

<평가 및 시사점>

- 상기 수입방안에 따라 대만에 대한 한국과일 수출이 중단 없이 이루어져 우리 과수재배 농민들의 피해 발생을 예방

- 검역문제에 있어서는 검역당국의 빠른 대응과 과학적 자료 제공이 문제해결의 관건인 바, 본건에 있어서는 이것이 주효했던 것으로 보임.

사례(일본): 파프리카의 전수검사 해제

<사례 개요>

■ 2006년 대일 수출 국산 파프리카에서 잔류 농약이 검출되어, 일본 후생노동성이 한국산에 대해 전수검사를 실시, 통관지연 및 이에 따른 신선도 저하 등으로 인해 동 품목의 대일수출에 지장 초래

■ 주일대사관은 40여 회의 관계관 접촉, 수차의 과학적 자료 제시, 본부 전문가의 출장 등을 통해 우리 정부의 잔류농약 관리 실태 등을 일본측에 설명하고 전수검사의 조기해제를 촉구

■ 1차(06.6.24) 2개 업체, 2차(06.10.2) 5개 업체, 3차(07.1.11) 12개 업체 및 4차(07.4.20) 2개 신규업체 등 총 21개 업체에 대한 명령검사 해제를 이끌어내어 사실상 명령검사의 전면해제 조치에 상당하는 실적을 거둠으로써, 대일 주력 수출농산물인 파프리카의 수출 정상화를 실현

<평가 및 시사점>

■ 과학적 접근방식의 유효성을 입증

사례(일본): 폴리솔베이트(식품첨가물) 사용 금지 해제

<사례 개요>

■ 미국, EU 등 선진국에서 널리 사용되고 있는 식품첨가물인 폴리솔베이트(Polysorbate)를 일본에서는 식품위생법상 식품첨가물로 불인정, (주)농심의 경우 "신라면" 등 4품목에 대해서는 성분 조정 후 대일수출을 하는 등 대일수출에 장애 초래

■ 주일대사관은 폴리솔베이트의 신규 식품 첨가물 지정을 위해 일본 후생노동성에 요청서를 제출하고 관련 과학적 근거를 제시하는 한편, 한·일 고위경제협의회시에서도 문제 제기

■ 일본 후생노동성은 후생노동성 고시에 의하여 폴리솔베이트를 사용 가능물질로 고시, 2008.2월 한국산 즉석면에 대한 전수검사 조치는 해제됨.

<평가 및 시사점>

■ 일본의 폴리솔베이트 처리에 관한 이중적 태도를 파악하여 대처한 것이 주효, 일본은 국내 유통제품 및 수입제품에 대해서는 폴리솔베이트의 사용을 엄격히 규제하면서도 폴리솔베이트를 사용한 제품의 수출은 인정하는 모순을 보임.

■ 일본과의 FTA 협의 및 일본과의 고위급 정례회의인 '고위경제협의회' 에서 문제를 제기한 것이 유효했던 것으로 평가

사례(포르투갈): 수산식품 검역지연 문제

<사례 개요>

■ 경남 통영에 소재한 식품회사 (주)장원씨푸드는 포르투갈에 수출한 바지락 22톤이 포르투갈 검역당국의 정밀검사로 인해 통관이 지연되어 막대한 손해를 입고 있다며 주 포르투갈 대사관에 민원 제기

■ 주 포르투갈대사관은 동 문제가 EU 식품긴급경보시스템(Rapid Alert System for Food and Feed)에 (주)장원씨푸드가 잘못 올라가 있어 일어난 것임을 파악하고, 포르투갈 검역당국을 지급 접촉, 동 바지락의 조속한 통관을 요청

■ 이어 우리 EU대표부에 연락하여 EU 블랙리스트에서 (주)장원씨푸드가 완전 제외될 수 있도록 EU 차원에서 적극 대응해 줄 것을 요청

* 본건은 한 중국업체가 (주)장원씨푸드의 고유번호(Health Certificate No. Korp 102)를 도용, 유럽에 수출한 바지락 44톤에서 패독이 검출됨에 따라 EU 블랙리스트에 (주)장원씨푸드의 상품이 등재된 데에 기인한 것임.

- 주 포르투갈대사관은 포르투갈 관계당국과 접촉, 중국업체의 무단도용을 상세히 설명하고 조속한 통관을 당부, (주)장원씨푸드 바지락에 대한 정밀검사가 스페인 수산연구소에서 실시하고 있음을 알아내고, 동 연구소를 접촉하여 조속한 검사를 요청

- 스페인 수산연구소가 (주)장원씨푸드의 바지락에 대한 정밀검사를 실시하고, 동 결과를 포르투갈 검역당국에 통보함에 따라 포르투갈 검역당국측은 통관을 승인

<평가 및 시사점>

- 통관문제, 특히 농수산물의 통관은 시급한 해결이 생명인바, 본건은 그러한 신속한 해결의 모범사례라 할 수 있음

- 일반적으로 유럽 공공기관들은 우리나라와는 달리 행정처리가 완만하여 문제해결에 오랜 시간이 걸리는 바, 여사한 문제발생시 해당기관 실무책임자를 직접 접촉하여 우리 입장을 적극 설명하고 지원을 요청하는 방안이 효과적

사. 입찰 및 사업 참여상의 차별

> 외국에서의 사업수주에 있어 우리 업체가 현지 기업 내지 제3국 기업에 비해 차별을 받는 경우가 많다. 개인이 발주하는 사업은 어쩔 수 없다 하더라도 정부기관이나 국영업체가 발주하는 사업에 대해서는 최혜국 대우와 내국민 대우가 적용되어야 한다(정부조달협정).
>
> 입찰과 낙찰에 관계된 정보를 공개하여야 하고, 정부조달과 관련된 투명성이 보장되어야 한다. 다만, 정부조달협정은 이른바 '복수국간 협정'으로써 WTO의 회원국 모두가 참여하는 것이 아니라 정부조달협정에 서명한 국가들 사이에서만 적용된다. 선진국들은 대가수가 정부조달협정에 참여하고 있으며, 한국도 참여하고 있다.

사례(베네수엘라): 제2통신망 건설 추진

<사례 개요>

- 베네수엘라 정부는 회선이 태부족인 상태에 있는 통신망을 대폭 증설하기 위해 제2통신망 건설을 추진중이라고 보도, 동 사업은 베네수엘라와 특별한 관계에 있는 중국에 돌아갈 가능성이 크며 중국측과 비밀리에 상담이 진행되고 있다는 풍문

- 주 베네수엘라 한국 대사관은 통신망 사업에 경쟁력이 있는 한국기업의 참여할 기회를 확보키 위해 발주처 책

임자 등과 접촉, 한국기업의 참가를 위한 공평한 기회부여 촉구, 한국 통신업계에도 베네주엘라 통신망 사업 참여 독려

- 다양한 노력으로 발주처측의 대한국 인식변화를 유도하였으나, 베네주엘라의 석유수입 감소로 인하여 제2통신망 건설이 연기됨으로써 동 사업추진은 무산

<평가 및 시사점>

- 사실상 중국이 내부적으로 낙점이 되었다 하더라도 단독입찰은 문제의 소지가 많으므로 제2의 선택으로서 한국이 입찰 참여할 수 있는 가능성은 높다고 판단, 집요하게 인맥을 구축하고 기술적 우위를 설득하는 노력 전개

- 상기와 같이 현지국에서 형성한 인맥 구축이나 수주활동 기반은 앞으로 다른 유망 프로젝트 수주에서도 충분히 활용이 가능

사례(태국): 전자주민증 정부입찰

<사례 개요>

- 2006년 태국 정통부의 전자주민증(13백만 장) 2차 입찰에서 하이스마텍(HST) 콘소시엄이 최저가로 입찰하였으나, 입찰자격 심사시 기술적 결격 등을 이유로 전자입찰위원

회는 경쟁사를 최종입찰자로 입찰주체인 태국 정통부에 보고

■ 입찰 직후 HST의 요청에 따라 주 태국대사관에서 정통부 사무차관(입찰관리책임자)에게 우리 업체의 기술 우수성을 설명하고 우리 업체에 대한 수주지원을 요청, 또한 전자입찰위원회 관계자를 수차례 접촉하고 우리 정통부 장관의 협조요청 서신 등 전달

■ 동 입찰관리책임자는 전자입찰위원회 경쟁사 선정결과 승인 유보, 재심요구와 함께 최종입찰자 선정절차 변경을 재무부 관련국에 요청

■ 군부 쿠데타 이후, 태국 정통부 전자주민증 입찰계획 변경 발표, 종래의 전자입찰 실시 결과 무효화, 차후 실시할 입찰에서는 기술사양 Upgrade(카드 메모리:32K→ 64K)

■ 상기에 따라 결국 수주에 실패

<평가 및 시사점>

■ 경쟁사와 유착된 전자입찰위원회가 전자입찰 결과를 반영치 않았고 군부 쿠데타에 따른 신정부 수립으로 기존 정부시책의 전반적 재검토 등이 우리 공관의 지원에도 불구 아국 업체가 수주하지 못한 배경

사례(에콰도르): POSCO건설 국제입찰 참가

<사례 개요>

■ 2008년 POSCO건설 대행업체 LOEOKON 코리아는 에콰도르 키토시와 신공항 건설 구간의 고속도로 입찰참여를 준비중 최근 5년간의 재무제표를 서반아어로 번역 제출하라는 요구로 인해 입찰참가에 어려움이 발생

■ 동사가 최근 5년간의 재무제표를 서어로 번역하여 제출하기에는 시간상으로 촉박하여 기한 내에 입찰서류 제출이 불가한 상황

■ 주 에쿠아돌 대사는 신공항 고속도로 건설 국제입찰 발주처인 키토시의 시장을 면담하고 POSCO건설의 최근 5년간 재무제표를 영문본 제출이 가능하도록 협조를 요청

■ 키토시는 POSCO건설의 영문본 재무제표를 접수하기로 결정, 아국 업체 국제입찰에 참여가 가능

<평가 및 시사점>

■ 중남미국가 주요 건설공사 입찰 경험이 전무한 업체의 경우 입찰 주관기관이 종종 까다로운 입찰서류를 요구하는 경우가 많으므로 시간적 여유를 두고 입찰서류를 준비하는 것이 중요하며 마지막까지 포기하지 않고 공관과 함께 해결방안을 모색한 것이 주효한 것으로 사료됨.

아. 미수금 해결

> 미수금 회수 문제는 원칙적으로 개인 대 개인의 문제이다. 이는 국가간의 권리, 의무의 문제는 아니며 개인간에 법적 쟁송을 통해 해결될 문제이다.
>
> 그러나 미수금 문제는 우리 중소기업에게 매우 중요한 문제이며, 우리 재외공관들은 권리, 의무 여부를 떠나 적극적으로 기업 관련 미수금 회수를 지원하는 경우가 많다.

사례(방글라데시): 건설공사 미수금 회수

<사례 개요>

- 한국의 A기업은 아시아개발은행(ADB) 차관으로 방글라데시 전력공사(Power Grid Company of Bangladesh: PGCB)가 발주한 23백만 불 송전선 건설공사를 시행

- 계약상 공사기간 중 A기업이 공급하는 자재가격 변동분(price adjustment)에 대해서는 계약종료 후 PGCB가 A기업에 정산하기로 되어 있었는데 세계 철강가격 상승으로 공사기간 중 총 900만 불의 변동분이 발생

- A기업은 계약조항에 따라 2007년 10월 계약종료 후 가격변동분 900만 불의 지급을 PGCB에 계속 요청하였으나

PGCB는 상급기관인 전력부의 지침이 없다는 이유로 지급을 지연

- 주 방글라데시 대사관은 방글라데시 전력부와 접촉, 미수금 지급을 위한 협조를 요청하고, A기업 사장과 전력차관과의 면담도 주선
- 결국 PGCB 이사회에서 638만 불의 지급승인을 받아 미수금을 회수

<평가 및 시사점>

- 후진국인 방글라데시의 경우 계약상 권리의무 관계가 분명함에도 불구하고 문제발생시 결정의 책임을 상부로 미루는 경향이 강한 바, 해당기관에만 전적으로 문제해결을 맡겨 두어서는 곤란하며 해당기관의 상급기관과 기타 관련되는 기관의 협조를 다층적으로 추진하는 것이 효과적

사례(대만): 장비납품에 따른 미수금 문제

<사례 개요>

- LCD 패널을 생산하는 한국기업 K는 생산장비의 납품과 관련, 계약사인 대만 회사의 장비선적 유예 및 잔금지급 지연으로 막대한 손실(한화 약 200억원)을 입었음.

■ 주 대만 대표부는 대만 회사측과 긴급접촉, 조속하고 성의 있는 해결을 요청하는 한편, 대만회사 사장과의 긴급면담을 요청하는 등 대만측을 압박

■ 결국 대만 회사측은 K사와의 긴급 협의를 통해, 납품장비의 즉각적인 선적에 동의하고, 잔금지급문제에 대해 K사측과 협의하여 원만하게 해결하겠다고 약속

<평가 및 시사점>

■ 도산의 위기상황까지 몰린 중소기업의 미수금 문제를 대만대표부 및 KOTRA의 긴밀한 협조하에 신속하고 적극적인 노력으로 최단시간 내 해결

■ 동건은 IT 분야 대만 대기업과 기술력을 가진 우리 중소기업 간에 발생한 분쟁으로 우리 중소기업이 대만 대기업의 대금지급 지연 횡포에 맞서서 법적인 해결을 추구하기 어려운 상황을 타개하는 데 기여

사례(모로코): 의료기기 수출업체 수출대금 회수

<사례 개요>

■ 2009년 국내 의료기기 수출업체인 (주)아이소텍은 모로코 거래업체인 C사로부터 수출대금 5만 불 회수가 지연되고 있다고 하면서 주 모로코대사관에 C사의 송금여부 및 신

용도 확인 등 지원 요청

- (주)아이소텍은 C사 및 거래은행 접촉을 통해 송금요청 및 송금여부 확인 노력 전개

- 대사관은 C사에 수차례 연락하여, 예정일보다 지연되었으나 수출대금을 송금하였다는 점을 확인하고, 관련 증빙서류를 받아 (주)아이소텍으로 전달

- C사는 대사관의 연락을 받은 이후 약속대로 송금조치를 하여 (주)아이소텍은 수출대금 수령

<평가 및 시사점>

- 상기 수출대금 회수 지연 사유는 모로코측 거래업체가 약속 시한까지 송금을 하지 않았으며, 은행간 송금절차상에도 지연이 있었기 때문으로, 여사한 국가와의 거래시 수출대금 지급 관련사항을 보다 명확히 할 필요가 있음.

자. 수출입 지원

사례(세르비아): 종근당 바이오 수출

<사례 개요>

- 종근당 바이오사는 발칸 내 최대 제약회사이자 공기업인

갈레니카(Galenika)사에 의약품 원료(Cefaclor: 세파항생제) 수출을 추진중에 있으며, 이미 갈레니카사로부터 제품에 대한 품질, 가격 등에 대한 인증 획득

■ 그럼에도 불구하고, 세르비아의 불투명한 관행 때문에 갈레니카사는 품질과 가격이 상대적으로 떨어지는 경쟁사에 물량을 주문하는 경향이 빈번

■ 종근당 바이오사측은 주세르비아 대사관에 갈레니카사에 대한 의약품 수출을 위한 우회적인 지원협조를 요청, 대사는 갈레니카(Galenika) 사장과 오찬 면담 등을 통해 협력지원 당부

* 특히, 갈레니카(Galenika) 사장이 세르비아 · 몬테네그로 국가연합 국회의원으로 재임시, 친한 의원친선협회 회원 가입을 희망했던 점을 적극 활용

■ 갈레니카(Galenika)사는 세파항생제(Cefaclor)를 다량 주문

<평가 및 시사점>

■ 세르비아는 체제전환을 겪고 있는 국가로서 정치, 경제 등 사회전반에 걸쳐 불공정한 관행과 관료주의가 만연하여, 회사 임원급 인사에 대한 개인적인 친분이나 고위 정치인들과의 연계 고리 없이는 수출이나 무역거래가 쉽지 않을 뿐만 아니라, 거래시 불이익을 당할 수 있음.

■ 또한, 세르비아는 아직도 사회주의 잔재가 도처에 남아 있어 개인보다는 국가의 권위를 우선시하고 있는 점을 감안, 우리 기업들이 각종 무역분쟁 발생시 대사관을 통한 공적 채널을 활용하는 것이 문제해결의 지름길이 될 수 있음을 유의

사례(모로코): 전력청 변압기 입찰 참여

<사례 개요>

■ (주)효성은 모로코 전력청(ONE)에 공급업체(vendor) 등록을 완료한 이후, 2008년에 처음으로 850만 불 상당의 변압기 납품계약 체결

■ 고압변압기는 효성의 기술력이 높고 경쟁사가 많지 않아, 신규발전소 건설과 노후기자재 교체수요가 증가하는 모로코 시장진출 확대 가능성이 큼에도 불구하고 고관세(35%), 현지 네트워크 미비, 언어장벽(불어로 입찰진행) 등으로 진출기회를 충분히 활용하지 못하던 상황

■ 효성은 모로코 전력청이 2009년에 공고한 2건의 변압기 입찰(44대 5천만 불 규모)에 응찰한 상황이며, 가격 및 기술평가가 연내 완료되어 최종 낙찰자가 선정될 예정이었으나 전력청 사정으로 지연

■ 대사관은 모로코기업연합회(CGEM) 한국분과위원회 위원

장으로 활동중인 전력기자재 유통회사 "Energy Transfo"의 사장이 효성의 현지 수주활동에 적합하다고 판단하여 현지대리인으로 활용할 수 있도록 효성에 소개, 효성은 이를 수락

■ 2009.5월 외교통상부 에너지자원대사 및 주 모로코대사가 모로코 전력청장을 면담하여, 전력 분야에서 한국기업이 기술수준, 가격경쟁력, 사후 서비스 측면에서 매우 우수함을 홍보하고, 한국기업 및 전력기기에 대한 적극적 고려와 구매를 당부

■ 모로코 전력청 관계자가 참석한 제5차 한·모로코 경제공동위(2009.10, 서울) 개최 기회에, 우리측은 변압기에 대한 관세율 인하 요청

■ 모로코 전력청(ONE)은 2009년 2건의 변압기 입찰에 대해 한국산 수입관세 영세율 적용 예정

■ 입찰결과 및 효성의 최종 수주성공 여부는 2009년 말 또는 2010년 초에 결정될 전망

<평가 및 시사점>

■ 최근 모로코의 전력수요 증가에 따라 신규발전소 건설이 추진되고 있으며, 기존 전력기자재의 노후화에 따라 교체수요 역시 크게 증가하는 상황에서, 우리 기업의 이번

변압기 입찰이 성공할 경우, 향후 지속적인 전력기자재 수출확대가 가능할 전망

- 대사관의 현지 유관기관과의 긴밀한 협조관계 구축을 통해 모로코 전력청의 우호적인 입찰평가 및 영세율 적용 등을 유도하여, 한국산(효성) 제품에 대한 전력청의 높은 만족도가 실제 낙찰로 이어질 수 있도록 지원

- 고관세가 적용되는 장비수출의 경우, 관세율 인하 노력을 전개함과 동시에 국가발주 주요 프로젝트에 납품될 경우 적용되는 영세율 혜택을 적절히 활용함이 바람직

차. 무역사기

사례(에콰도르): 계약서 변조를 통한 무역사기

<사례 개요>

- 에쿠아돌 판매업체는 LG와의 계약서상의 LG측 서명을 위조, 3만 1천 불에 불과한 LG와의 판매계약서를 3천 1백만 불 규모의 계약서로 서류를 변조, LG측을 계약위반으로 주재국 법원에 제소하고 대법원 판사 등에게 로비하여 거액을 사취 시도

- 주 에쿠아돌 대사관은 LG측의 지원요청에 따라 주재국

대법원장 및 검찰총장에게 관련 서한을 송부하고 공관장이 직접 대법원장 및 검찰총장을 면담하여 LG관련 소송에 관심을 가져줄 것을 당부

- 에쿠아돌 법원은 상기 LG관련 소송을 기각

<평가 및 시사점>

- 후진국의 경우 현지인이 외국기업을 상대로 계약서 변조 등 사기를 통해 거액을 사취하고자 하는 경우가 빈번하므로 현지 변호사를 통해 계약서를 공증받는 등 제반 안전조치가 필요

- 법원이나 검찰 등 사법기관 역시 부패한 경우가 많아 사기 등을 당했을 경우 현지 변호사 수임 등 기업차원의 독자적 조치와 더불어 반드시 현지 대사관 등의 자문과 협조를 구하여 대응

사례(카메룬): 유령기업에 의한 무역사기

<사례 개요>

- Top Sales SARL이라는 카메룬의 유령기업이 우리 유닉디자인코리아사에 카메룬 보건부가 2010년 월드컵 대비 말라리아 퇴치운동 홍보용 T-셔츠 200만 장을 국제입찰로 구매하려 한다는 허위정보 제공

■ 유닉디자인사는 샘플, 디자인, 입찰구비서류를 카메룬으로 우송, 가공의 보건부로부터 계약자로 선정되었다는 통보 접수, 이후 유닉디자인사는 계약대리 변호사 수임료 등 여러 명목으로 Top Sales SARL이 수회에 걸쳐 요구한 총 미화 59,700불을 송금

■ 유닉디자인사는 Top SAles SARL이 추가로 중앙아프리카 경제통화공동체(CEMAC)에서 반테러 기부금 10만 불(invoice 총액의 1%)을 요구한다는 요청을 받고서야 대사관을 접촉하여 진위여부를 확인, 국제무역사기라는 것이 밝혀짐.

■ 주 카메룬 대사관은 위 사건과 관련하여, 주재국 경찰청 차장과 INTERPOL 책임자를 면담, 범인검거 등 협력을 요청

<평가 및 시사점>

■ 대부분의 유령기업들은 초기에는 매우 정상적인 방법으로 접근해 옴. 즉 각종 위조서류와 매우 유리한 거래조건으로 우리 기업들을 안심시킨 후, 이런 저런 명목으로 소액 송금을 요구함.

■ 우리 피해기업들은 초기에는 부담 없이 소액을 송금하다가, 점차 큰 금액의 송금 요구에 봉착하게 됨. 따라서 이를 예방하기 위해서는 현지에 신용조사 등을 위한 채널 등을 구축해야 하나, 비용 등의 문제로 실제로는 현지 네

트워크 구축이 어려운 실정임.

사례(나이지리아): 국제입찰을 빌미로 한 무역사기

<사례개요>

- 아국 중소 전자업체 B사는 무역 인콰이어리 포털사이트를 통해 나이지리아 바이어 K사와 교신을 시작함. K사측은 B사 컴퓨터 제품으로 서부 아프리카 경제공동체(ECOWAS)에서 시행하는 대규모 국제입찰에 참여하고 싶다며, B사의 기업정보 및 B사 컴퓨터의 가격정보 제공을 요청

- B사는 반신반의하면서 일단 바이어가 요청한 정보를 제공하였던 바, K사는 일 주일도 지나지 않아 ECOWAS의 입찰위원회(Contract Awarding Commission)로부터 사무용 컴퓨터 입찰에 낙찰되었다는 희소식이 왔다고 전함.

- B사는 입찰에 따른 대량 발주를 준비하고 있던 차, 얼마 후 K사측은 계약서 서명과 관련협의를 위해 B사 대표의 나이지리아 직접 방문을 요청하고, 만약 여의치 않을 경우 B사를 대신할 변호사를 선임, 동 변호인을 통한 계약서 서명이 가능함을 알려 왔음. 아울러 변호사 선임을 위해서는 10,000불의 선임비용이 필요하니 빠른 시일 내에 송금할 것을 요청함.

■ B사는 나이지리아가 다양한 무역사기로 악명을 나 있는 것을 인지, 상기입찰과 발주처의 신용도 등을 확인하기 위해 주 나이지리아 대사관을 통하여 정보확인을 시도함. 확인결과 ECOWAS의 국제입찰 건 중 여사한 입찰은 존재하지 않을 뿐 아니라, K사와 입찰기관 Contract Commission 등도 실존하는 기관이 아님이 판명됨.

<평가 및 시사점>

■ 나이지리아는 무역사기로 악명을 떨치고 있으며, 아직까지 무역사기가 근절되지 않고 있음. 사기성 오퍼들은 주로 각국의 정부입찰, 국제기구 또는 구호단체의 이름을 사칭하거나 실제 존재하지 않는 단체의 이름을 악용해 수출에 목마른 우리 기업들을 유혹하고 있음.

■ 우리 기업들은 혹시나 하는 생각에 진성 바이어로 둔갑한 사기꾼들과 한두 번 코레스를 주고받다가 결국 존재하지도 않는 거액의 계약금의 유혹에 빠져 사기 피해자가 되는 경우가 빈번함.

■ 나이지리아의 무역사기에 휘말리지 않기 위해서는 먼저 비상식적인 유혹에 현혹되지 말아야 하며, 조금이나마 가능성이 보이는 경우에도 대사관과 KOTRA를 통하여 진위여부를 반드시 사전에 확인해야 함.

참고문헌

무역초보자가 꼭 알아야 할 139가지(유광현)

무역의 모든 것(김종원)

무역거래분쟁론(강이수 외)

국제통상 분쟁사례론(박건영 · 박형래)

국제무역 분쟁사례론(오현석 · 심종석)

무역클레임과 상사중재실무(김종득 · 김장호)

무역클레임과 상사중재(김상호)

무역분쟁의 예방과 해결(박승락)

국제무역사기 사례와 예방책(김성훈)

국제무역 분쟁 사례연구(안병수 · 조원길 · 신종혁)

국제무역 분쟁 사례론(심종석 외)

국제무역 분쟁과 ADR(김경배)

세계시장연구(방용태)

신국제투자환경론(이재기)

글로벌 시대의 투자는 국경이 없습니다(미래에셋)

문화가 장사밑천(전경수)

해외투자론(최용묵)

브라질 비즈니스가이드(무역투자진흥공사)

KOTRA 투자실무가이드(칠레)(대한무역투자진흥공사)

KOTRA 아제르바이잔 투자실무(대한무역투자진흥공사)

스시보다 맛 있는 일본수출 이야기(한국무역협회)
삼국지보다 재미있는 중국진출이야기(한국무역협회)
외교통상환경(외교통상부)
아프리카 진출가이드(외교통상부)
중동 진출가이드(외교통상부)
국화와 칼(루쓰 베네딕트)

A Basic Guide to Exporting(International Trade Administration Department of Commerce, U.S.A.)
Getting To Yes(Roger Fisher, William Ury)
Getting Past No(William Ury)

[공저자 약력]

김용규
연세대학교 정외과 졸업
외무고시 2회
외교통상부 동북아 1과장
주미, 주일 대사관 참사관
외교통상부 통상국장
주일정무공사
외교통상부 기획관리실장
주자메이카 대사, 주네덜란드 대사
연세대학교 국제대학원, 울산대학교 교수
(현) 한국외교협회 부회장, Save the Children 이사

서용현
서울대학교 법과대학 졸업
외무고시 11회
외교통상부 북미통상 과장
주제네바 대표부 참사관
주필리핀 대사관 공사참사관
주베네수엘라 대사관 공사
주 OECD 공사
(현) 전북대학교 Law School 교수

정재식
서울대학교 법과대학 졸업
외교통상부 서구 2과장
주독, 주이란 대사관 참사관
외교통상부 기획관리실 심의관
UNIDROIT(로마) 자문관
주짐바브웨 대사, 주불가리아 대사
(현) 세명대학교 교수

우리 중소기업, 세계로 간다

2010년 1월 20일 初版印刷
2010년 1월 30일 初版發行

共著者 김용규 · 정재식 · 서용현
發行人 安 鍾 萬
發行處 (株)博 英 社
서울特別市 鍾路區 平洞 13-31番地
電話 (733) 6771 FAX (736) 4818
登錄 1959. 3. 11. 제300-1959-1호(倫)

www.pakyoungsa.co.kr e-mail: pys@pakyoungsa.co.kr

定 價 18,000원 ISBN 978-89-6454-007-7